外国人にも話したくなる

ビジネスエリートが知っておきたい教養としての

日本食

食文化史研究家
永山久夫 監修

KADOKAWA

はじめに――美味をきわめれば「和食」あり

永山久夫　食文化史研究家

美しくて、みずみずしい日本の風土。その風土と、そこに住み続けてきた日本人は、共同で和食文化を育て上げてきた。シンプルなのにおいしい。健康にもいい。日本人は、世界一に長寿民族であることがそれを物語っていよう。和食の魅力は世界の人々に浸透し、今や世界の美味なる無形文化遺産に登録されるほど注目を集めている。

伝統的な和食だけではない。ラーメンやカレーライスなど、外国からやってきて日本で独自の進化を遂げた料理もある。さらに和食文化を下敷きにおでん、やきとり、肉じゃがなどが生まれ、日本食は今なお進化を続けている。

最近では、世界中に和食をはじめとした日本の料理を扱うレストランが増え、そこで食べて興味を持つ人も少なくない。作る側にとっても魅力は同じようで、和食が育てた美味を演出する「出汁」も世界中のシェフが使用する時代ともなった。

では、日本人自身はどうか。

グローバル化が進み世界が近くなるなか、日本人が外国人の方から「日本のアイデンティティは何か？」と聞かれても答えられないという話をよく耳にする。

そんなとき、拠り所のひとつとなるのも日本食だ。欧米では自国の文化を学んだうえに個々のアイデンティティを確立させている。「食」もその自国の風土が生み育んだ文化のひとつであり、食を語れるようになることは、国際化社会のなかで日本人としてのアイデンティティを築くのに重要なことではないだろうか。

このように、観光のみならず、ビジネスにおいても外国人と接する機会が増えた今、日本の食にまつわるテーマをふだんからインプットしておく時代であり、国際化のビジネスマン、一般人、学生の常識になっている。

本書は、そうした時代に対応した、「和食のお国」の常識百科だ。

清潔好きの日本人が、なぜ手でつまんで口に運ぶのか、蕎麦をすすって食べる理由はなにかといった、日本人も答えられないマナーの疑問から、〝母親の味〟肉じゃがの誕生秘話、土用の丑に鰻を食べるようになった発端など、今や必須の知識となりつつある日本食にまつわるバラエティ豊かな知識をふんだんに詰め込んでいる。

本書で身につけた知識を外国の人々とのコミュニケーションに活用し、外国人の素朴な疑問にアットワンス・アンサー（即答）していただければ何よりの喜びである。

第1章
作法に息づく「和の心」を知る

PART 1

PART.2

第2章
日本食を形づくる「匠の技」を学ぶ

第3章 和食が秘める「効能」を解明する

PART 3

第4章 日本料理を生んだ「ルーツ」を探る

PART.4

第5章

食習慣を育んだ「日本人の信仰」に迫る

PART 5

PART.1

第 *1* 章

作法に息づく「和の心」を知る

日本人としての在り方、精神的なルーツを知る手がかりは「作法」のなかにある。

伝統としてつくりあげた作法から見えてくる、「和の心」の原風景、美意識を探り、それを解き明かす。

いただきます

ITADAKIMASU

食前の挨拶に込められた感謝の心

単に食事をもらうという意味ではない

食事を始める前、日本では両手を合わせて「いただきます」と挨拶をしてから食べ始めます。日本人の間では幼い頃よりしつけられて自然と身についている習慣ですが、世界各国を見渡すと食前の挨拶が定着している国は珍しいようです。食事を始めるときの言葉としてフランスでは「ボナペティ」と声をかけますが、これは「召しあがれ」という意味で、日本の「いただきます」という挨拶とは異なる発想です。

じつは、食前の「いただきます」は日本特有の挨拶であり、まったく同じ意味の言葉は外国のどこを探しても見当たりません。

では「いただきます」とは、どういう意味なのでしょうか。

そもそも「いただきます」の「いただく」という言葉の意味は、山の頂《いただき》に宿る稲作の神様への感謝の心を表す言葉に由来します。神様が宿るとされる山の頂上や頭のてっぺんを「頂」と言ったため、「頂く」「戴く」は大切なものを頭の上にうやうやしく捧げ持つ言葉へと発展しました。

さらに中世以降、位の高い人から物をもらったときや神仏にお供えしたものを食べる際には、頭上に捧げ持つ「押し戴く」動作をしてから食べたため、「食べる」「もらう」の謙譲語として「いただく」が使われるようになります。この言葉がやがて、食事前の挨拶「いただきます」として定着していきました。

ですから、「いただく」というのは単に食事をもらうという意味ではなく、本来は命を分け与えてくれる自然に対する感謝の気持ちを伝える言葉であることがわかります。米や野菜、魚、肉などすべての食材には命があると考え、その命をいただくことで、自分が生かされていることに感謝するのです。

「いただきます」にはもうひとつ、食材を育てる人や運ぶ人、食事を作る人、配膳する人など、その食事を整えるのに携わったすべての人に対する感謝の心を示す意味もあります。

つまり、「いただきます」は、命を分け与えてくれた食材や、食事に出されるまでに関わったすべての人々に対して、敬意をはらい、感謝する言葉なのです。

おかわり

OKAWARI

もてなしてくれた相手との縁をつなぐ大切な作法

ご飯を一膳だけで終えるのはかえって無作法

招待された席で、あるいは訪問先のご自宅でご馳走になるとき、「おかわりはいかがですか」と声をかけられることがありますが、素直におかわりをしていいのか悩むところです。相手に図々しく思われはしないかと、遠慮しがちです。

しかし、作法の面から言うと、一膳ですませるのは、縁起の悪い行為とされているのです。

通夜の席では、茶碗にご飯を高く山盛りにし、真ん中に箸を揃えて垂直に立て、故人の枕元に供えます。もちろん、おかわりはありません。これは「一膳飯」、あるいは「枕飯」と呼ばれ、永遠の別れの象徴です。

ご飯を一膳だけで終えるのは通夜を連想させてしまいます。そのため、ご飯はおかわりするほうが、礼儀にかなった振る舞いなのです。

地域によっては、家でご飯を食べるときでも、茶碗に目一杯ご飯を盛らずに、ほんのわずかでもいいから必ずおかわりをするという習慣が残っているところもあります。

また、おかわりを頼むときは、茶碗に一口分だけご飯を残して差し出すという作法もあります。まだ食べきらないうちにおかわりするのは行儀が悪いと思えるかもしれません。しかし、一口分のご飯が、相手との縁をこれからも続けたい、大切にしたいという気持ちを表すとされているのです。

食事を終えるときは、一粒残さずきちんと食べます。そうすれば、食事は終えました、お茶をくださいという合図になります。

逆に、もてなす側にまわったときには、客が一口分ご飯を残していたら、おかわりのタイミングだと察してあげたいものです。相手から「おかわりをください」と言われる前に、こちらから声をかけます。このとき、一膳飯を連想させないようにご飯は「盛りましょうか」ではなく「よそいましょうか」と言い、一杯目より少なめに入れるのが作法です。

席次

SEKIJI

礼拝対象が座る場所として重視される床の間

仏具を祀って礼拝する重要な場所

食事の時に誰がどこに座るのかは、家族や友人とのカジュアルな席ではあまり意識することがありません。しかし、公式の場では目上の人が上座《かみざ》に座るように配慮する必要があります。これは日本だけでなく西洋でも大事にされるマナーです。

国家間の儀礼上のルール「プロトコール」では、基本的に席次は入り口から遠いほうが上座、近いほうが下座《しもざ》と決められています。複数のテーブルがあるレストランならば、出入り口から最も遠い場所にあるテーブルが、そのテーブルの中でも出入り口から最も遠い席が上座となります。

ところが、床の間のある和室では、このルールが当てはまらない場合があります。確かに和室の場合も出入り口から遠い席が上座ですが、床の間がある場合はその前

上座と下座

和室では出入り口よりも床の間の前が上座とされている。

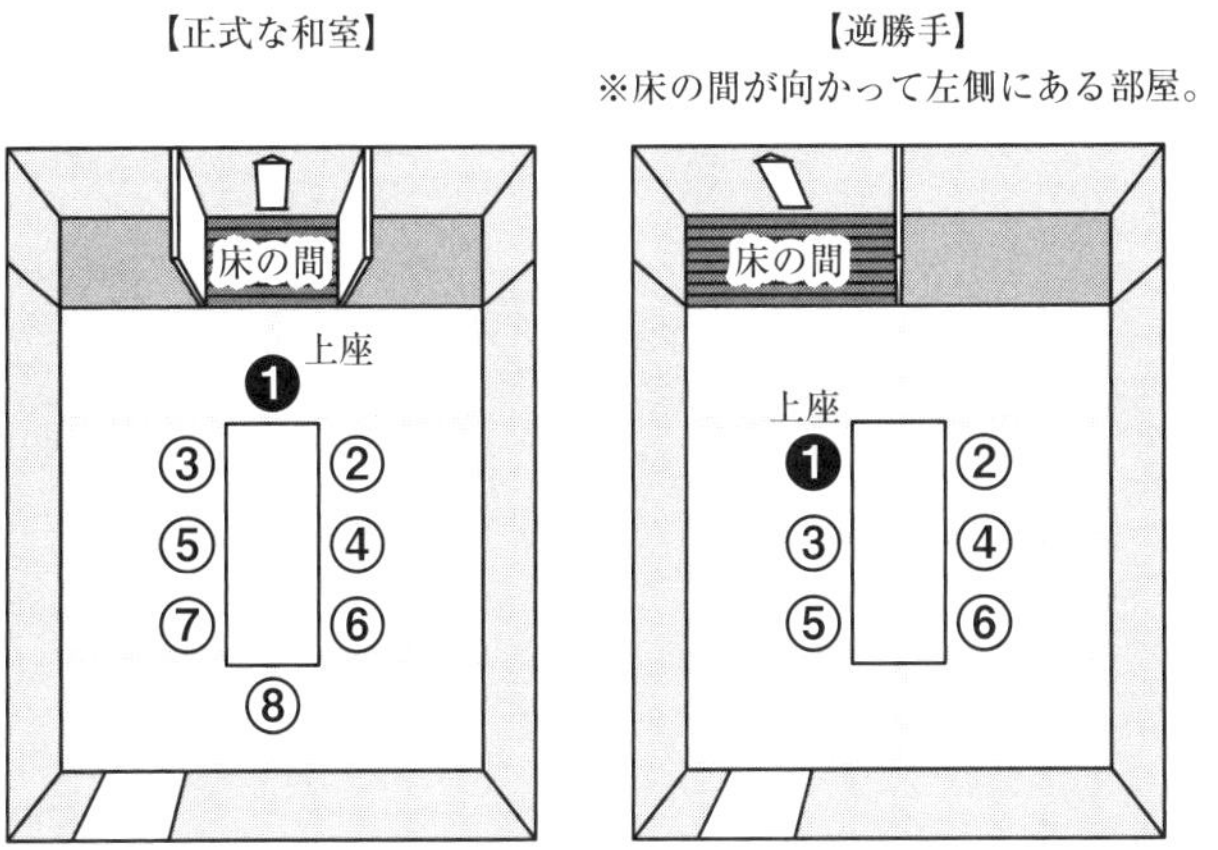

が最も上座になるのです。床の間を背にした中央が最も上座で、その席を中心に順番が決まります。ではなぜ出入り口よりも、床の間の位置の方が重要視されるのか。その理由は、床の間は本来、仏具を飾って礼拝《らいはい》していた場所だったからです。つまり、礼拝をするための神聖な場所なので、その床の間の前に位置する席が最も上座とされるというわけです。

また、和室の中には、あえて出入り口に近いところに床の間がしつらえられている部屋もあります。この場合は、出入り口から遠い場所も上座、近い場所も上座となります。上下の関係を考えなくてよいという配慮がされた部屋というわけです。

お通し

OTOSHI

「注文を承りました」の意味を持つ、居酒屋でお馴染みの習慣

お通しは日本独特の文化

居酒屋に入り、お酒や料理を注文した後に「お通《とお》し」が出てくるのは、日本ではお馴染みの光景です。一品か二品、少量ずつ小皿に盛られて出てくるお通しは、その店で最初に食べる料理になります。お通しは先《さき》付《づ》け、突き出し、前肴《まえざかな》、一種盛り、箸《はし》付《づ》けなどと呼ばれることがあります。

じつはこの「お通し」は海外にはない日本独特の文化。そのため、お通しを前にして「注文していないのに……」と戸惑う外国人は多くいます。

さらに、お通しは多くの店で別料金をとられますが、ほとんどのお店でメニューに表示されていません。そのため、会計時にその料金を請求された外国人客とお店の間でトラブルになることが増えています。

こうしたトラブルを防ぐためにも、あらかじめ「お通し」について日本独特の文化なのだと説明しておく必要があります。

とは言っても、日本人から見ても注文してもいないのに出てくるお通しは不思議な存在です。なぜお通しが存在するのでしょうか。

お通しは、会席料理で最初に出す前菜と同じものと同一視されていることが多いのですが、厳密に言えば前菜とお通しとは違うものです。

前菜はコースの料理の前に出す少量の料理のこと。前菜は一品のこともあれば、複数品出されることもあります。その料理の内容は、その後の料理に影響を与えないように、季節の和え物、浸し物などが中心で、時にはカラスミなどの珍味が出されることもあります。いずれもごく少量ですが、食欲を増進する役割があります。

これに対してお通しは、注文を受けてから料理が出るまでの時間つなぎとして、「注文は帳場に通しました。料理が出るまでこれをつまんで先に一杯やっていてください」という意味で出す酒菜のことです。客の注文を店側が了解した証《あかし》として提供され始めたため、「注文を通した」という意味から、お通しと呼ばれるようになりました。当初、お通しは料金に含まれませんでしたが、次第に料金に含むお店が出てきて、今では別料金となるほうが多いようです。

寿司

SUSHI

江戸時代から受け継がれる寿司の食べ方

握り寿司はファストフードだった

外国人にも人気のある日本食といえば真っ先にお寿司を思い浮かべる人も多いでしょう。外国人と一緒に接待や会食の席で食べる機会も多い料理ですが、その時にお寿司を箸と手、どちらで食べるか躊躇《ちゅうちょ》する人も多いのではないでしょうか。

お寿司は日本食でありながら、箸を使わず直接手を使って食べるのが粋《いき》と言われる料理。一方でふだんの食事を手づかみで食べることはしません。それでも寿司が手で食べられるようになったのには、お寿司の歴史が関係しています。

寿司という名前は、「酸っぱい（酸し）」という意味からつけられました。その名の通り、お寿司は魚の保存性を高めるために、塩とご飯のなかに魚を漬けて発酵させた保存食として誕生しました。これは「なれずし」と呼ばれ、酸っぱくなった魚だけが取り出して食べられ、ご飯は捨てられていました。

今の握り寿司に近づいたのは江戸時代の文政年間（1818～1830）のこと。せっかちな江戸っ子がさっと気軽に食べられるものをと考え、発酵期間を省いた寿司が考え出されました。それが今の握り寿司の原型でもある、ご飯に酢を混ぜて酢飯を作り、その上に生魚をのせて食べる早寿司です。

早寿司は高級食ではなく、小腹が空いた時に気軽に立ち寄ることのできる屋台で、好きなネタを手でつまんで食べるという形式で売られていました。初期の握り寿司は、大きさがひと口半からふた口で食べるほどもあり、箸でつまむのは難しかったのです。そこで手でつまんで食べるようになりました。つまり寿司は、そもそも手でつまむファストフードとして誕生しているため、手で食べることは問題ではなかったのです。手で食べるほうがシャリが崩れにくいというメリットもありました。

手で食べる際は、親指と中指で寿司の両脇を挟み、人差し指でネタを軽く押さえて裏返し、ネタの先端に少しだけ醤油を付けます。ご飯に醤油をつけるとほぐれてしまうからです。そしてネタを上に元に戻して一口に食べるのが美しく食べる作法です。手で食べた後には、おしぼりで手をぬぐっておきます。

こうした食べ方を知っておけば、公の席でも恥ずかしい思いをせずにすみます。

外国人も納得する音を立てて蕎麦を食べる理由

音を立てるのはヌードル・ハラスメント？

海外では、基本的に音を立てて食べることはマナー違反とされています。そのため、近年、訪日外国人から、日本人がラーメンやうどん、蕎麦《そば》などの麺を食べている時にする、「ズズズッ」と麺をすする音が精神的苦痛にあたるとして「ヌードル・ハラスメント」、略して「ヌーハラ」だと非難が起こりました。

日本人にとって麺をすするのは当たり前の食べ方のため、ハラスメントと非難されても戸惑ってしまいます。外国の麺料理はスプーンやレンゲ、フォークなどを使って、巻きつけたりすくったりして食べます。

それとは異なり、日本は箸だけで食べるため、どうしても吸い上げる必要があるのです。

蕎麦の食べ方

蕎麦は空気と一緒にすすることで、豊かな香りを味わうことができる。香りを味わうために素早く食べるのが作法とされる。

1.

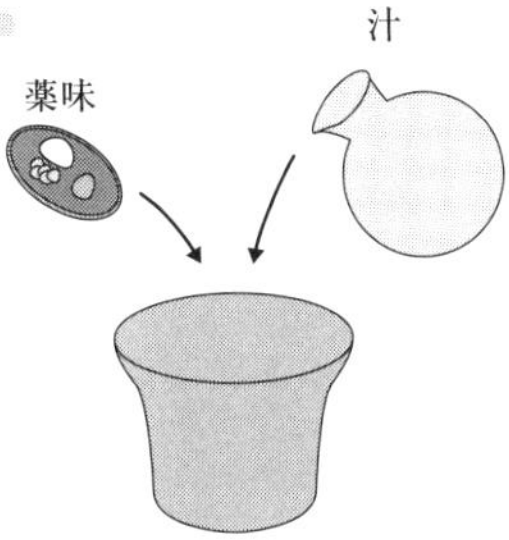

まず何もつけずに蕎麦の香りを楽しみ、蕎麦だけを味わう。次に汁をつけて味わってから、薬味を汁に入れる。

2.

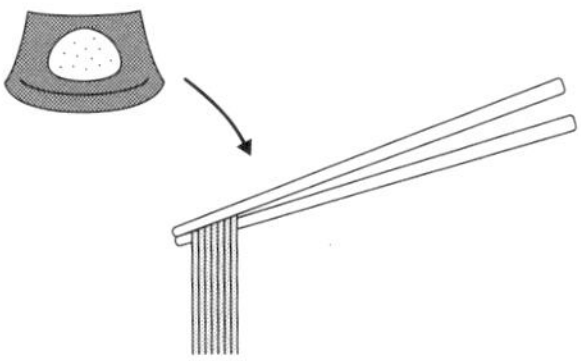

ひと口ですすれる量を取る。

3.

蕎麦の下から1/3から1/2ほどを汁にさっとつけて、ひと口ですする。

4.

食べ終わったら、残った汁に蕎麦湯を足して飲む。蕎麦湯はそれだけで飲んでもよい。

とくに蕎麦は、音を立てて食べることがその料理をおいしく食べる最善の方法です。風味を大切にする蕎麦は、挽きたて、打ち立て、茹《ゆ》で立てという「三立て」のできたての状態で味わうのが最も風味を楽しめる食べ方とされています。この時に、麺と空気を一緒に吸い上げてすすることで、より深く蕎麦の豊かな香りや味わいを堪能できるのです。

音を立てないよう口に無理やり押し込んだり蕎麦を途中で嚙み切ったりすれば、蕎麦の風味を十分に感じることができなくなってしまいます。そのため蕎麦の場合は、音を立てて食べるのが粋とされているのです。

このように、日本の麺料理を食べる時に音を出すのは不作法ではありません。むしろそれが料理の特性に合った食べ方なのです。

音を立てないのがマナーとされている外国人にとって、食べる音が不快に聞こえるのは仕方ないことかもしれません。

しかし、日本の食文化の特性を説明することで、理解は深まると思います。事実、最近では日本の麺料理を食べる時の音を文化としてとらえる外国人も増えつつあり、訪日外国人のなかには、せっかく日本に来たのだからと、麺をすする食べ方に挑戦する人もいるようです。

日本酒（其ノ二）

NIHONSHU

ビンに貼られたラベルから得られる数々の情報

見過ごすのはもったいないラベルの情報

日本酒は種類が多く、ラベルに書かれた情報も難しく思えます。しかし、ラベルからその日本酒について知ることで、より深く味わうことができます。

日本酒のラベルには表・裏・肩の3つがあり、まず特定名称、その酒の銘柄、蔵《くら》元《もと》（製造者）名など、法律によって定められた必要事項が記載されています。特定名称とは、吟醸酒、純米酒、醸造酒などの種別のことで、一定品質の日本酒のみが記載できます。

また、原材料名や製造時期、アルコール度数、使用酵母など、その製品のデータというべき詳しい情報もあります。おいしい飲み方や保存法が記されている場合もあります。

日本酒によくある「正宗」という銘柄の由来とは

現在の日本では、およそ一万もの銘柄の日本酒が販売されています。銘柄はたいてい蔵元の屋号や、その土地が誇る山や川、祭りなどから名付けられます。「神亀《しんかめ》」や「鶴齢《かくれい》」など、長寿の象徴である亀や鶴のように、縁起のよい字を用いたものも各地で見られます。

では、銘柄によく見られる「正宗」は何を意味しているのでしょうか。これを人名だと思っている人が多いようですが、そうではありません。

「正宗」誕生には、面白いエピソードがあります。

１８４０（天保11）年のある日、灘《なだ》の造り酒屋の6代目当主山邑太左衛門《やまむらたざえもん》は以前から交流のあった京都にある瑞光寺《ずいこうじ》の住職を訪れた折、そこで見かけた経典に書かれていた「臨済正宗《りんざいしょうしゅう》」の「正宗」の音読み「セイシュウ」が、清酒の「セイシュ」に似ていることに気づきました。そして、これは縁起がよさそうだと思い、「正宗」と名付けた酒を売り出したのです。

山邑太左衛門が売り出した「正宗」はたちまち大変な売れ行きとなりました。そ

日本酒のラベル図解

日本酒を選ぶ際には、ラベルが大きな手がかりとなる。ラベルには蔵元や製造方法、材料名などさまざまな情報が詰め込まれている。

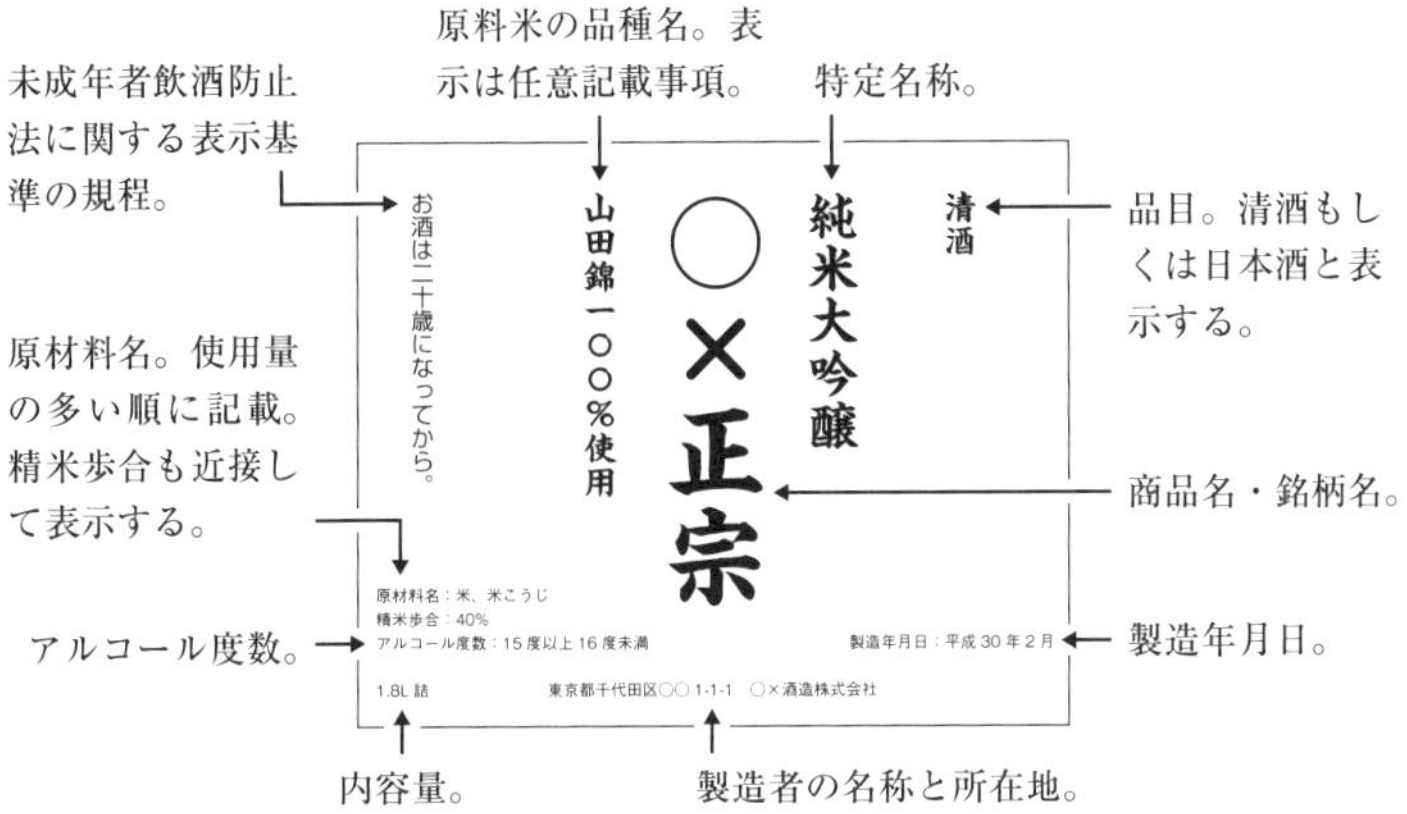

してこの人気にあやかろうと、たくさんの蔵元が「正宗」という酒を売り出しました。そのため、各地に「正宗」とついた酒が生まれたのです。つまり、「正宗」は人名ではなく、経典に書かれている文字から拝借したもので、しかも語呂合わせから生まれた名前だったのです。

この「正宗」には後日談があります。1884（明治17）年になって明治政府が商標条例を定めた際、本家の蔵元が出した「正宗」の登録申請が認められないという事態となりました。あまりに「正宗」とつく銘柄の酒が多いため、一般名詞とみなされてしまったのです。、本家の正宗は「櫻正宗」として商標登録せざるを得なかったということです。

精進料理

SHOJINRYORI

仏教徒の修行のために生まれた質素な料理とその作法

仏教の教えから生まれた野菜中心のヘルシーな和食

京都や奈良、鎌倉などのお寺や周辺では、観光客が気軽に精進料理を食べられるお店がいくつもあります。

精進料理というのは、本膳料理や懐石料理が料理の形式を表すのに対し、料理で使う食材を示した名称です。精進料理には、動物性の食材は使われません。

もともとは、僧侶が仏前に供えた供物を食事の材料にしたのが始まりで、鎌倉時代に曹洞宗《そうとうしゅう》の開祖・道元禅師《どうげんぜんじ》によって形づくられました。殺生《せっしょう》禁断の教えから魚肉は避けられ、代わりに豆腐やゆばなどの大豆食品や野菜類、海藻類、穀類などが主な食材として使われています。

当初は非常に粗末な食事でしたが、修行僧によって次第に加工や調理法が工夫され、現在では法事や法要などの料理として広く親しまれています。

精進料理の食事マナーは、基本的にはほかの日本料理と変わりがありませんが、お寺で生まれた料理ならではのちょっとした決まりごとがいくつかあります。とくにお寺でいただく場合は注意が必要です。

全員が着席した後、典座《てんぞ》（料理を司る僧）の合図で、一同で合掌《がっしょう》します。

食事中は、できるだけ会話を控えます。かつてはお寺では食事中の会話は禁止されていましたが、口に食べ物を含んでいなければ、少しの会話は問題ありません。

食事を残すことは禁物です。食べ物を粗末にすることは仏教では戒められているので、食べきるようにつとめます。ご飯粒一つ残さないようにするために、器に白湯を注ぎ、器についたご飯粒をすすぎとってその白湯を飲み干します。

さらに、たくあんを一切れ残しておいて、最後に器をぬぐってきれいにし、そのたくあんをいただきます。食事が終わったら、感謝の意を表す合掌を行ないます。

最近は、精進料理はヘルシーな日本食として日本人だけでなく、外国人観光客にも人気が出てきました。家庭やお店で食べる際にはそれほど作法に神経質になる必要はありませんが、日本で生まれた料理だけに、精進料理の成り立ちくらいは知っておきたいものです。

器の配置

UTSUWA

様式美と合理性を持つ、和食の配膳

日本人の価値観が形となった和食の膳の並べ方

フランスの家庭での食事は一品ずつ食卓に出されて、一品食べ終えるごとに次の料理が順次出てくるスタイルを取っています。

これに対して日本では、一汁三菜が食卓の上に揃って並びます。つまり最初からすべての料理が食卓に出揃っているわけです。この時、お椀の並べ方にもルールがあり、食べる人から見て、左手前にご飯茶碗、右手前に汁椀を置きます。仏壇でも仏様から見て左にご飯茶碗、右に汁椀となっています。

なぜ、この配置なのかというと、最大の理由は日本の伝統的な考えにあります。日本では古くから左のほうが右より上位にあたるという考えがありました。かつて左大臣、右大臣という位がありましたが、左大臣の方が右大臣より上の位になります。京都御所では天皇側から見て左側に上位の左大臣が、右側にその下の右大臣の席が配置されていました。つまり、左手が舞台で言う上手《かみて》になります。

ご飯茶碗を左側に置くのは、お米が主食であり、また経済の中心として日本人の生活を支えてきた重要な存在であるからです。大切な存在であるお米を一番格の高い場所である左側に置くのは、当然の考えと言えるでしょう。

また、ご飯を左側に置くのは、合理性から考えても理にかなった配置と言えます。食事の際には、箸と器をそれぞれ片手に持って食べます。その時、お箸は右手に持つ人が多いはずです。ならば一番食べる頻度の高いご飯を、左手で持ちやすいように左手前に置くのがもっともスムーズです。

さらに、料理にはなます、煮物、焼き物の三品がつきますが、それらはご飯茶碗と汁椀の向こう側に置きます。手にとる頻度の高いご飯茶碗と中身がこぼれやすい汁椀を手前に置くことで、腕を伸ばして料理をまたぐ「袖越《そでご》し」というマナー違反を防ぐこともできます。

このようにご飯茶碗を左側、汁椀を右側に置くという和食の基本的な配置は、日本人の価値観と、機能性の観点から定まったものなのです。

的確な配置があってこそ、礼を欠かずに食事ができ、自然な食事ができるのです。

マナー違反として戒められる「嫌い箸」

なぜ箸使いに作法があるのか？

日本食は箸を使って食べるのが基本です。そのため、箸使いについては、じつにたくさんの作法があり、マナー違反とされる箸の使い方は、「嫌《きら》い箸《ばし》」と呼ばれます。いずれもただの形式的な作法ではありません。それぞれに理由があります。

たとえば、食べ物を突き刺す「刺《さ》し箸《ばし》」やつついて残す「すかし箸《ばし》」は食べ物を粗末に扱うことになります。箸をかじる「噛《か》み箸《ばし》」や器を箸で引き寄せたり押しやったりする「寄《よ》せ箸《ばし》」は、箸や器を粗末に扱って傷つけることにつながります。

また、器のなかをかきまわして具を探る「探《さぐ》り箸《ばし》」や料理の上で箸をウロウロさせる「迷《まよ》い箸《ばし》」は見苦しいので同席者を不快にさせます。一度食べ物に箸をつけておきながらそれを口にしない「空箸《そらばし》」は見苦しいだけでなく、料理を出した側に対

箸使いのタブー

日本には「嫌い箸」のなかには刺し箸のように食べ物や器を大切にするための戒めもあれば、迷い箸のように同席者を不快にさせずに美しく食べるための戒めもある。さらに、渡し箸や仏箸のように仏教の慣習から縁起が悪いとされることをしないための戒めもある。

【寄せ箸】

箸を使って器を手前に引き寄せること。

【刺し箸】

料理に箸先を突き刺して運ぶこと。

【箸渡し】

箸を置く際、器の上に渡して置くこと。

【噛み箸】

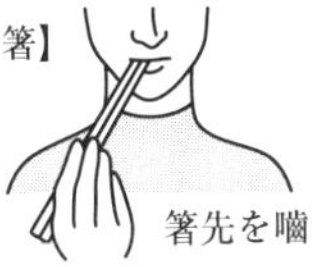

箸先を噛むこと。

しても失礼に映ります。

仏教の慣習から、縁起が悪いことを連想させないための作法もあります。箸で食べ物を受け渡す「箸渡《はしわた》し」や「二人《ふたり》箸《ばし》」は、火葬場でお骨を拾う行為に似ているので控えなければいけません。

こうした意味を知ると、作法も覚えやすくなります。

中国や韓国など、食事に箸を使う国にもやはり箸使いの作法があります。文化による違いはありますが、日本と共通する作法も多いのです。

箸の使い方は、その人の品性を表しています。ふだんから他人に見られても恥ずかしくない箸使いを身につけたいものです。

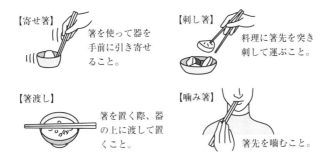

箸を祭器のひとつと捉え共有を嫌う日本人

神事に用いられた箸

日本食の最大の特徴のひとつは、箸を使う文化でしょう。中国や朝鮮など東アジア圏のほかの国々にも箸を使うところがありますが、日本以外の国では箸のほかにスプーンやレンゲなどの匙《さじ》も頻繁に使われます。ほとんど箸だけを使って食事をするのは日本だけです。

箸が日本の歴史に登場するのは、712年に編纂された『古事記《こじき》』に記された、スサノオノミコトがヤマタノオロチを退治するという物語が初めてとされています。

ここでは出雲国（現在の島根県東部に降り立った）スサノオノミコトが、川から箸が流れてきたのを見て、上流に人が住んでいることを知る場面があります。

ただし、はじめから日本に箸文化があったわけではありません。古代の日本では手で食べる手食が主流で、箸と匙はその補助として使われていました。しかも、この頃の箸は今のような二本の箸とは違い、竹を削って作ったピンセットのような一本につながった箸でした。

あくまでも補助的な存在であり、しかも今とは異なる形だった箸が、現在のような二本の箸になったのは、7世紀初頭に聖徳太子が遣隋使を通じて中国の文化を取り入れたのが始まりとされています。その時もまだ、今のような箸のみを使う食べ方ではなく、朝鮮半島の食文化の影響も受けていたため、箸と匙が併用されていたようです。

やがて、奈良時代から、平安時代にかけて箸の使い方や作法が整備され、ようやく現在のようにほとんど二本の箸だけを用いて食事するようになりました。

日本人が箸を共有したがらないわけ

日本の箸文化のなかには、もうひとつ独特な文化があります。それは個人で箸を所有する「銘々箸《めいめいばし》」と呼ばれる文化です。中国や韓国では、箸は共有されるものです（共用箸）。しかし、日本人は他人の箸を使ったり自分の箸を人に使われたりすることを嫌い、自分専用の箸を持っているのが一般的です。

その理由はやはり箸の歴史に関わりがあります。もともと日本では、古代の竹の箸は、食事の道具というよりも神様と共に食事をする〝共食〟の「祭器」として扱われていました。

そのため、箸は神が宿る依代《よりしろ》とみなされていました。さらに、使った人の魂も宿ると考えられていたのです。つまり箸はその人自身とみなされたため、他人に使われることが敬遠されるようになりました。

こうした精神が受け継がれ、日本ではふだんの生活においても箸を共有することを敬遠し、自分専用の箸を用いる銘々箸の文化が根付いたのです。

割箸

WARIBASHI

木製であるゆえに必要だった衛生観念

もったいない精神に矛盾しないのか？

世界中でエコの関心が高まるなか、問題視されている日本文化に割箸があります。日本人にとっては公共の場では箸を使い回すより割箸を使うのが当たり前という感覚ですが、外国の多くの方は、「もったいない精神があるはずの日本人が、なぜ使い捨ての割箸を使うのか？」と疑問を持つようです。

じつは、日本人が公共の場で割箸を使うのには、合理的な理由がありました。

割箸は江戸時代に庶民の集まる飲食店で利用されはじめました。この時、すでに割箸は現在と同じ形で、食べる時に割って使うことから「引裂箸《ひきさきばし》」と呼ばれていました。

割箸　WARIBASHI

食べる直前に、お客さん自らに箸を割ってもらって使うようにしたのは、それが未使用であることを示すためでした。つまり、店側が客に、「この箸は誰も使っていませんから、汚れていません。安心して使ってください」とアピールしたわけです。

日本人は潔癖すぎると思われるかもしれませんが、箸の材質の特徴を考えると納得がいくはずです。

箸は木でできているので、熱湯での煮沸消毒に不向きです。仮に煮沸消毒しても完全には乾きにくく、きちんと乾燥させずに湿気が残ってしまうと、そこに雑菌が繁殖しやすくなります。また、木は傷がつきやすく、傷のついたところから雑菌が入り込む可能性もあります。

こうした理由から、使い捨ての割箸を使用してきたのです。使い捨ては一見もったいないように思えますが、衛生面を考えると理に適っていたのです。箸袋に入れられた割箸があるのも、衛生面を考えての工夫です。しかも空樽などの廃材を使っていたので、むしろ活資源だったと言えるでしょう。

一方、金属製のスプーンやフォークは煮沸消毒できるため、割箸のように使い捨てしなくても衛生面での問題がないというわけです。

PART.2

第 2 章

日本食を形づくる「匠の技」を学ぶ

日本人が生み出してきた様々な料理。
そのひとつひとつが、
おいしさを求めて改良を重ねられてきた。
日本料理を彩る素材から日本人のきめ細やかな
心遣いと「匠の技」を垣間見る。

おいしく食べるために追究された炊飯方法

日本独自の炊飯法

ご飯を炊くときのコツとして、「始めちょろちょろ、なかぱっぱ、親が死んでも蓋とるな」という言い回しを耳にしたことはないでしょうか。これは、米を炊く時の火加減を表した言葉です。同じようなものに、江戸時代に出版された料理本『名《めい》飯部類《はんぶるい》』にも、「飯炊くに、はじめチョロチョロ、中グングン、沸《ふ》きての後は少しゆるめよ」という言葉が残されています。

現在ではどの家庭にも炊飯器がありますが、炊飯器が普及する前は、ご飯は羽釜《はがま》で炊くのが当たり前でした。もちろん羽釜にはスイッチひとつでご飯を炊ける便利な機能がついていないので、火加減の調節が必要でした。

先に紹介した2つの言葉をもう少し詳しく説明すると、はじめは釜全体を温めるために弱火にし、温まってきたら強火で加熱します。その後、沸騰したら火を弱め、火を止めた後は蓋を取らずに余熱で蒸しなさいという意味です。この時、「もう炊けたかな？」と蓋を開けて中を見るようでは、蒸らしがうまくできないので、最初に紹介した言い回しでは「親が死んでも」といった過激な表現が使われているのです。

これは「炊き干し」というジャポニカ米に適した炊き方で、日本独特の方法です。「炊き干し」とは、はじめの水の量が多いうちは煮て、水が少なくなると蒸すという「煮る」「蒸す」の2つの調理方法を組み合わせたものです。この2つの調理法により、水に溶けた米のでんぷんが米粒の中に閉じ込められ、ふっくらとした、つやのあるご飯になるのです。

日本以外の国では、「湯取り」という方法で調理します。大量の水で米を軽く茹でたあと、一度米の表面の粘りを洗い、その後、蒸すものです。この調理法は、東南アジアで栽培されているインディカ米に適しています。

かつては日本でも、「湯取り」で米を炊いていました。「炊き干し」が普及したのは、米の生産量が上がった江戸時代からです。「ご飯をおいしく食べたい」という強いこだわりから研究を積み重ね、この炊き方にたどりついたのです。現在使われている炊飯器もこの「炊き干し」を採用しています。

ご飯が冷めるとおいしくなくなる理由

同じ炊き方をしたご飯でも、一番おいしいのは炊きたての時で、冷めてしまうと味が落ちてしまいます。

これは、米の主成分であるでんぷんの特徴によるものです。でんぷんには2つの状態があります。生米は、水に溶けにくくておいしくはないものの、保存には向いているでんぷん（βでんぷん）の状態です。それを加熱することで、米はおいしくなるのですが、保存に向いていないでんぷん（αでんぷん）に変化します。

このでんぷんは水に溶けやすいため、「炊き干し」すると米粒に閉じ込められるのですが、「湯取り」すると流されてしまいます。そのため、「炊き干し」のほうがふっくらとしておいしくなるというわけです。

こうして「炊き干し」で米粒に閉じ込められたでんぷん（αでんぷん）も、冷めると再びもとのでんぷん（βでんぷん）に戻ってしまいます。ご飯は炊きたてのほうがおいしく感じられるのはこのため。パンも焼きたてのほうがおいしいのも、同じ理由からです。

トンカツ

TONKATSU

フランスの豚肉料理を日本風にアレンジした料理人の技

日本語訛りから生まれた名称

トンカツは庶民の料理というイメージがありますが、意外なことにそのルーツはフランス料理にあります。

ルーツとなったのは「コートレット」という料理で、もともとは骨付きの背肉を表す言葉でした。

コートレットは英語ではカットレットと発音するので、これが日本語のカツレツになりました。ビーフカツレツ、チキンカツレツなどの料理もありますが、最も親しまれたポークカツレツには、いつしか豚を表す「とん」という音が当てられて「トンカツ」となったのです。

天ぷらを揚げる技術を応用

とはいえ、明治初期に日本に伝えられたコートレットのレシピは、現在のトンカツとはまったくの別物でした。

1872（明治5）年に刊行された仮名垣魯文《かながきろぶん》の『西洋料理通』で紹介されているのは、鍋で溶かしたバターに豚のあばら肉と刻んだネギを入れて揚げ、小麦粉や塩、胡椒、酢などを加えてじっくりと煮るというものでした。

また、1895（明治28）年に銀座にオープンしたレストラン「煉瓦亭《れんがてい》」で出されていたコートレットは、薄切りの仔牛肉をひたひたの油で半焼きにしてからオーブンに入れ、バターで仕上げた料理でした。

ところが、これはとても脂っこく胸焼けがすると日本人の客には受け入れられませんでした。

そこで、何とか日本人の口に合う料理にならないかと煉瓦亭のシェフが考え出したのが、豚肉に軽く塩と胡椒をふって、小麦粉、溶き卵、パン粉をつけて油で揚げるポークカツレツでした。

厚みのある肉に衣をつけ、中まで火を通すためには油の微妙な温度調節が必要で、うっかりすると、衣は真っ黒に焦げているのに中の肉は生のままということになります。

しかし日本料理の知識も持っていた日本人のシェフは、天ぷらを揚げる際に培った技術を生かして、深さのある鍋でじっくり揚げることで、サクサクした香ばしい衣としっとりした肉のハーモニーを実現させたのです。

こうして日本風コートレットは、フランス人のシェフにも簡単には真似できない新しい料理として生まれ変わりました。

コートレットと比べるとあっさりとしたポークカツレツは日本人に受け入れられて、大評判になりました。そして、昭和に入るとあちこちの飲食店でトンカツが供され、ついにはトンカツ専門店も登場しました。

また、当初のトンカツはナイフとフォークで食べるものでしたが、やがて包丁で切って出されるようになり、誰もが箸を使って気軽に食べるようになりました。

さらに、白いご飯と味噌汁、口の中をさっぱりさせるたっぷりの千切りキャベツとパセリという定食で出す店が増えました。こうしてトンカツは庶民に愛される料理になっていったのです。

巻物料理

MAKIMONORYORI

味の調和と見た目の美しさを併せ持つ世界でも珍しい食文化

バラエティ豊かな巻物文化

海苔巻にはじまり、伊達巻、昆布巻、紫蘇《しそ》巻、鳴門巻、餡《あん》巻など、日本には世界でも珍しいほど多彩な巻物料理が存在しています。主食、副食、お菓子を問わず種類が多いうえに、節分に食べる恵方《えほう》巻のように、最近になって全国区に躍り出たものもあります。

日本ではこれほど巻物料理が発展した背景には、3つの理由が考えられます。第一の理由は、巻物にすることで異なる食材を一体化させることができるからです。

たとえば、昆布巻なら昆布の出汁《だし》とニシンの旨味が合わさって、おいしさを作り出します。異なる味の食材を一体化させることによって、食材を個別に食べるよりも複雑で深い味わいが演出できるのです。

第二の理由としては、見た目の美しさが挙げられます。巻物のそれぞれの食材は、互いに引き立て合って断面を彩り、美しい渦巻き模様を作り出します。渦巻き模様はどこかユーモラスに感じます。料理店ではもちろん、家庭で巻物を作る時も、作り手は断面の美しさを考えて食材を配置しています。重箱や皿に盛り付ける時も、その断面がよく見えるように工夫します。料理のおいしさをアピールするには、視覚的効果も大切なのです。

そして最後は、食材を巻くことによって保存性が高まるからです。巻物を作るときは、巻き簾《まきす》で食材を巻き込み、力をこめてギュッと締めつけます。昆布や植物の葉、竹の皮などを用いる巻物もありますが、いずれも堅く締めつける点は共通しています。これによって形が崩れにくくなるのですが、それだけではありません。

食品は酸素に触れると酸化し、腐敗しやすくなりますが、全体を締めると酸素に触れる部分が少なくなって酸化を防《さまた》げられるのです。日本人は、高温多湿の気候の中で食物の保存に苦労してきましたから、巻物は理に適っているのです。

味の調和と見目の美しさと保存性、この3つに配慮した巻物料理は日本人の食文化を豊かにしてきたのです。

こんにゃく

KONNYAKU

煮ても焼いても食べられない芋から生まれた日本発祥の食材

「悪魔の舌」と呼ばれて敬遠

こんにゃくは日本発祥の食材で、おでんや田楽には欠かせない材料として親しまれてきた食材です。最近では、コレストロールの吸収を防ぐ水溶性の食物繊維やカルシウムを吸収しやすい水酸化カルシウム、肌によいセラミドを含むため、低カロリーでヘルシーなダイエット食材として人気が高まっています。

ところが、外国ではあまり評判がよくありません。とくにイギリスでは、こんにゃくはその見た目から「Devil's Tongue（悪魔の舌）」と呼ばれてかなり悪いイメージを持たれ、食用とされていません。

イギリスのみならず、こんにゃくのようなプリプリした弾力を持つ食べ物が存在しないことに加えて、生臭さもあるため、ネガティブなイメージを持たれてしまい、世界的にも受け入れられていないようです。

こんにゃく芋の伝来は、縄文時代とも飛鳥時代ともいわれますが、はっきりしていません。中国では紀元前700年頃の記録に灰汁《あく》で煮たこんにゃくを食べたとあります。しかしじつは、こんにゃく芋は、そのままではえぐみが強く、煮ても焼いても揚げても食べられません。そのため、日本でもはじめは食用とはされていませんでした。そもそもこんにゃく芋は、中国から火薬や漢方の材料として伝えられ、日本でも鎌倉時代以前から薬品として使われていたのです。

これを食べられるようにするには、こんにゃく芋をすりおろすか、粉にしたうえで石灰や炭酸ソーダで混ぜてえぐみを取り、固めるという工程が必要です。

食用とされるのは室町時代に入ってからで、戦国時代には織田信長が赤こんにゃくを作らせたと伝わります。

さらに江戸時代後期には、同じく茨城県の中島藤右衛門《なかじまとうえもん》が、こんにゃく芋も乾燥させれば長期保存できるのではないかと考えました。こんにゃくの生芋は傷みやすいために出荷が難しく、流通には不向きだったのです。そこで藤右衛門はこんにゃく芋を乾燥させて粉にし、その粉からこんにゃくを作る製法を18年かけて完成させます。こうして、こんにゃくは庶民にも広まっていったのです。

豆腐料理

TOFURYORI

雁の肉に似せて作られた「がんもどき」

世界が注目する豆腐料理

外国での日本食ブームの一因には、高カロリーな西洋料理に比べて低カロリーであることが挙げられます。なかでも注目されているのが、豆腐料理です。その理由は、豆腐は脂質が少なく、しかも高タンパク質の食品だからです。カロリーはなるべく控えたいけれど、タンパク質はきちんととりたいという人にぴったりな食材なのです。

毎日同じものを食べるのは飽きてしまいそうですが、冷奴、湯豆腐、味噌汁、揚げ出し豆腐、がんもどき、凍り豆腐など、豆腐料理は多種多様なため、食べ方にバリエーションがあることも特徴です。

豆腐は中国で生まれた食材ですが、中国では豆腐そのものよりも豆乳や、豆腐を

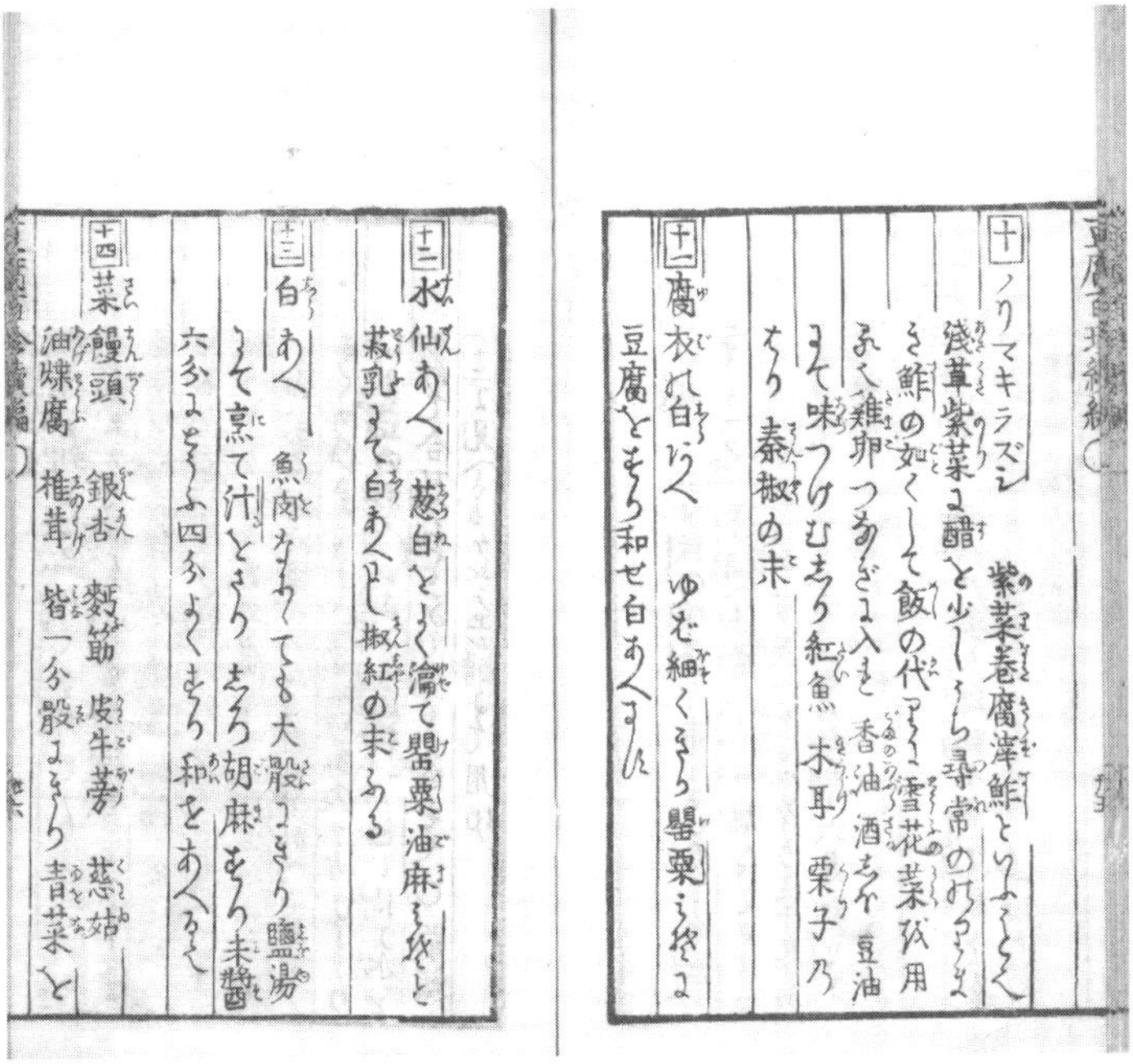

100種類以上の豆腐料理を紹介する『豆腐百珍』。1782（天明2）年の発刊。
（国立国会図書館所蔵）

酒や醤油につけて固めた乳腐《にゅうふ》のほうがよく料理に使われます。多くの豆腐料理は、奈良時代になって仏教とともに豆腐が日本に伝わってから生み出されました。江戸時代の天明年間に出版された『豆腐百珍』（1782年）、『豆腐百珍続編』（1783年）には、合計200種類の豆腐料理が紹介されています。

肉や魚を豆腐で表現する食文化

仏教とともに伝来した豆腐を使った料理の発展には、じつは仏教が深く関わっています。

仏教では殺生が禁じられているため、修行中の僧は肉や魚を使わない精進料理を食べることになります。しかし若い僧

豆腐料理　TOFURYORI

たちにとって、「肉や魚を食べたい」という欲求を抑えるのは大変なことです。そうした欲求を抑えるのも修行のうちなのですが、なんとか禁忌《きんき》を破らずに叶えられないものかと修行僧たちは考えました。そこで典座《てんぞ》（食事を作る係の僧）が考案したのが、豆腐を使って肉や魚の再現を試みた「もどき料理」です。

たとえば「がんもどき」は雁《がん》の肉に似せて作ったことからこの名前が付けられました。昔の日本人は肉と言えば鳥の肉が主流でしたから、鳥を代表して雁が料理名になったのかもしれません。

がんもどきは、豆腐にきくらげ、しいたけ、山芋、にんじん、ごま、ごぼう、糸昆布などを混ぜ、丸めて油で揚げた料理です。冷奴や湯豆腐などに比べるとずいぶんと手間がかかっているのは、少しでも本物の肉の食感や色に近づけるための工夫の証です。

ほかに、豆腐を使った鰻《うなぎ》の蒲焼《かばや》きのもどき料理もあります。この料理は、豆腐を潰して鰻の形を作って油で揚げ、串を打ち、タレを塗って焼けば完成です。一見しただけでは本物と見間違うほどの料理です。

このように、豆腐は、タンパク質摂取という栄養面でも、食感などの味わいの部分でも肉や魚の代用品として最適の食材だったのです。

刺身

SASHIMI

刺身は最もおいしく食べられる順番に盛られている

刺身をおいしく食べるには

外国人にも人気の高い日本の代表料理のひとつに、お刺身があります。皿に複数の種類のお刺身が盛りつけられている「お造り」は、赤や白など見た目も華やかで、視覚的な美しさも楽しめる料理です。

じつはこの盛り付けは、単に見栄えよく並べられているわけではありません。盛り付けにも、料理の作法としてのルールや意味があります。

刺身の盛り付けは基本的に、器の左手前に淡白な白身の魚やイカ、右手前に貝類などの黄色い魚介、奥にマグロなどの赤身魚となっています。これは淡白な白身魚から、味の濃いものへと順に食べてそれぞれの味をしっかり楽しめるように、一番おいしく食べられる順番に並べられているのです。そのため、崩さないように左手前から食べていくのが理想です。

お皿に広がる刺身ワールド

この刺身の盛り付けには「山水盛り」と呼ばれる決まった型があり、日本料理の形式のひとつである本膳《ほんぜん》料理で出される鱠《なます》皿が手本にされています。山水盛りとは、三つの山を作るように七、五、三の比重で刺身を盛ったもので、先ほど紹介した順番で並べられます。さらに、その間にけんやつま、かいしき（飾り葉）が置かれ、さらに辛味が添えられます。

刺身の並びだけではなく、添え物にもそれぞれ意味があります。

けんは、大根、うど、みょうがなどの野菜をせん切りにして水にさらし、刺身に沿えて食べるもの。これは薬味の一種です。これに対して「つま」は、刺身を美しく見せる盛り付けの補助役に使われます。長くせん切りした大根やうどやみょうが、しその葉、ワカメなどの海藻が使われます。さしみの下に敷くつまを「敷きづま」、立てて使うつまを「立てづま」と呼びます。

けんやつまは、口の中の魚の臭みや脂を取り除いてリフレッシュさせる効果があります。そのため刺身と一緒に、または刺身と交互に食べるようにすると、より刺身を味わえます。ただし、敷きづまは刺身の血抜きをするためのものです。とくに赤身の魚の下には大抵、大根の桂むきなどが敷かれていますが、これは食べるためのものではありません。

月岡芳年画『風俗三十二相』「おもたさう／天保年間深川かるこの風」。刺身を運ぶ女性が描かれている。（国立国会図書館所蔵）

「かいしき」は、刺身に風情や季節感を添えるために置かれます。そのほか、「辛味」と呼ばれるわさびやしょうがなども添えられます。辛味には抗菌効果も期待されていました。

　このように、刺身の一皿の中には、盛り付け方から添え物までそれぞれに意味や役割があるのです。この意味を知っていれば、よりおいしく刺身をいただくことができるでしょう。

カツオのたたき

KATSU-NO-TATAKI

包丁でたたく調理法から名付けられた料理

なぜ包丁でたたくのか？

カツオのたたきといえば、カツオの表面をサッとあぶって、中がレア状態の料理を思い浮かべます。となると、料理名は「カツオのあぶり」でよさそうですが、なぜ「たたき」と呼ばれているのでしょうか。

本来のカツオのたたきとは、カツオの表面を軽くあぶっただけのものではありません。包丁の刃や峰（背側）でたたく調理法のことを指しているのです。

そもそもカツオのたたきは、漁師たちのまかない飯で、釣り上げた新鮮なカツオを、その場で解体して火であぶり、それを切り分けたものに塩をふっただけの料理です。

このとき、塩がまんべんなく身にしみこむように、包丁でたたいたのです。そこから「カツオのたたき」という名が付けられました。

包丁でたたくという手間は、昔、塩は高価な調味料だったため、少量でもおいしくなるように、よくなじませるためだったと考えられています。現在のようにニンニクやショウガ、アサツキなどの薬味と調味料をかけるようになってからも、やはり調味料がよくなじむようにカツオの身を包丁でたたくのです。

また、カツオのたたきというと藁《わら》焼きが有名ですが、木材ではなく藁が好まれるのは、藁には少量の油分があり、藁を燃やすと一気に火力が強くなるからです。火力が強ければ、すぐに表面だけあぶれますから、中に火が通りすぎるのを防げます。さらに、藁から移った香りを楽しむこともできるためです。

なぜ表面をあぶるのか?

漁師飯がルーツなら、新鮮なカツオをわざわざ表面だけあぶるよりも、そのまま刺し身で食べてもよさそうですが、なぜあぶって食するようになったのでしょうか。

一説には、江戸時代の土佐藩主・山内一豊《やまうちかずとよ》の命《めい》がきっかけだったと言われています。1601(慶長6)年、山内一豊は国替えにより土佐へとやってきました。その時、土佐の漁師がカツオを生で食べているのを目撃すると、ただちに生食を禁止したのです。衛生面での管理が不十分だった当時、魚の生食による食中毒が多発しており、一豊はこれを心配したのです。

しかし、土佐の漁師は、新鮮なカツオの生食には慣れていましたし、そのおいしさもよく知っていました。

そのため、藩主からの禁止令が出たものの、なんとか生のカツオを食べたいと思っていたのです。そこで考え出されたのが、表面だけあぶるという方法でした。たとえ中はレアでも、表面はあぶっているので、これは生食ではないと言い訳して食べたというわけです。

塩辛

SHIOKARA

食料を無駄なく利用する日本人の智恵から生まれた逸品

酒のアテやご飯のお供に最適

日本人はよく「もったいない」と口にします。

この言葉は、ノーベル平和賞を受賞したケニアの環境保護活動家ワンガリ・マータイ氏が感銘を受けて紹介したことで、世界中に広まりました。その精神は、包みとして何度も再利用できる風呂敷や、割れた焼き物を修復する金継ぎなど、多くの日本文化を生み出してきました。じつは、酒の肴やご飯のお供として食べられる塩辛もそのひとつと言えます。

塩辛とは、魚介類の身や内臓などを素材に、塩を加えて醸成させたものです。ふだんなら捨ててしまう内臓も加えて保存食にすることで、食材を無駄なく利用しているのが特徴です。

魚の内臓は生臭く、そのままではとても食べられません。しかし、塩漬けにすることで、内臓に含まれているタンパク質分解酵素が、身のタンパク質を分解して旨味成分であるアミノ酸を作り出します。そうしてあの独特の旨味へと変化するのです。食材と塩のみで、自ら旨味へと変化するとは、まさに自然の妙と言えます。

豊かな食文化を育む多様な塩辛

塩辛は、イカがよく知られていますが、そのほかにも珍味として人気の高いものがたくさんあります。

たとえば「酒盗《しゅとう》」は、カツオの内臓が原料の塩辛です。鰹節製造の過程で出た胃や腸などの内臓を塩漬けにして貯蔵したのが始まりだと言われています。「酒盗」という名前は、カツオの塩辛をいたく気に入った12代土佐藩主の山内豊資《やまうちとよすけ》が「これがあれば、酒がいくらでも飲めるぞ」と褒めたことから名付けられました。現代でも、酒盗は、酒肴《しゅこう》として人気です。

ほかにも、「うるか」というアユの内臓が材料の塩辛もあります。もともと「うるか」は、魚の内臓という意味だったようですが、今ではアユの塩辛のことを指す

伝統的なイカの塩辛の製造工程

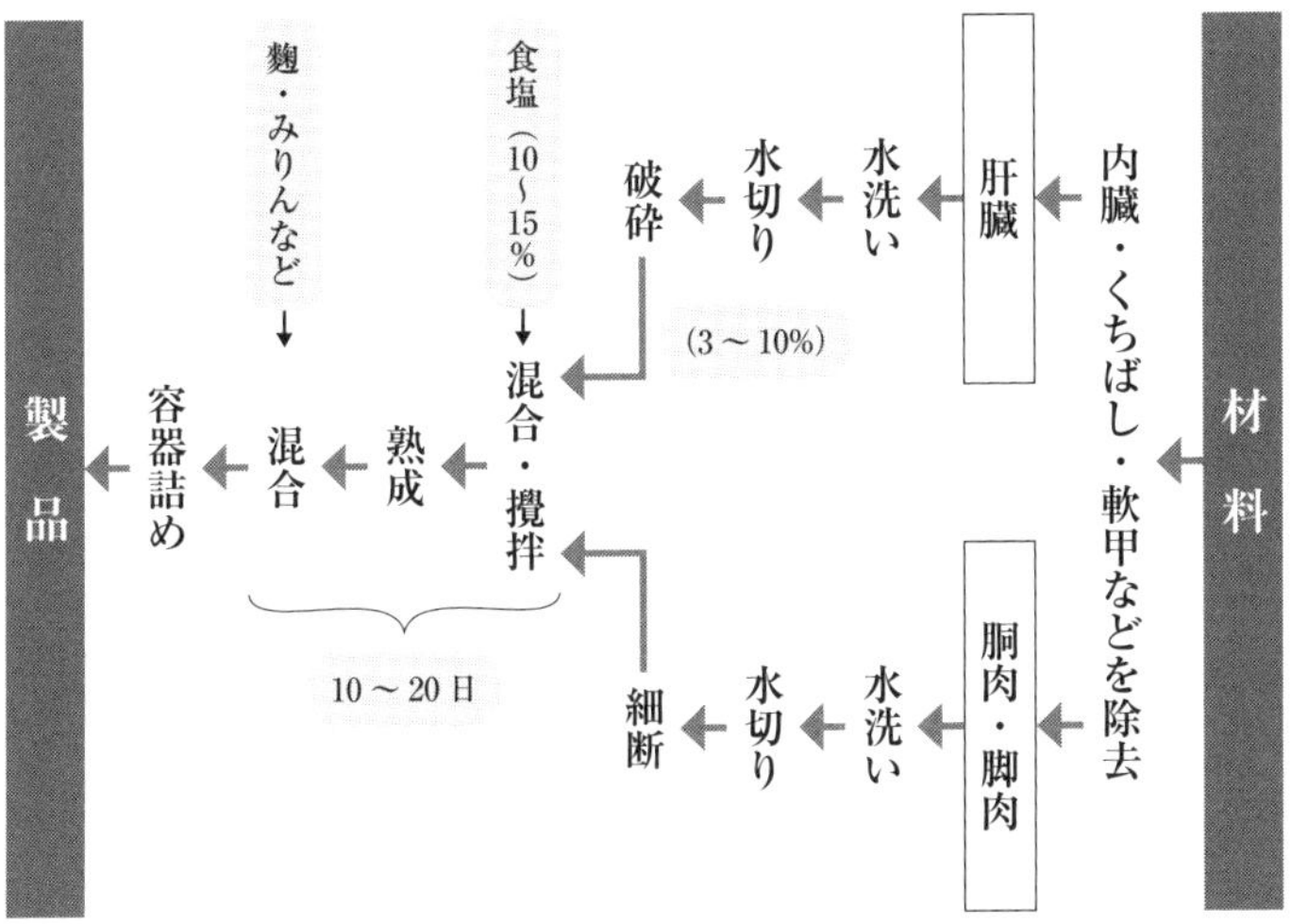

ようになりました。岐阜や山口、大分などアユがよく捕れる地域では、昔から作られています。同じうるかでも地域によって製法が異なり、産卵期の卵巣を使った「真子《まこ》うるか」と卵巣以外の内臓を用いた「苦《にが》うるか」が有名です。

「このわた」は、なまこの乾製品を作る過程で出た腸を材料にした塩辛です。そのほかサケの腎臓の塩辛「めふん」、ウニの塩辛などもあります。

このように、日本には食べ物を無駄なく利用しようという考えがあります。魚の内臓さえも食用にしようとする知恵が、日本の豊かな食文化を作り上げたのです。

生卵に課せられた世界的にも稀な厳しい品質管理

生卵を食べる習慣は日本ならでは

日本では卵かけご飯を筆頭に、うどんや蕎麦にそのまま卵を落とす月見や、すき焼きのタレとして卵を使うなど、生卵が大活躍しています。ところが、これは外国人には信じがたい光景に映るようで、「卵を生で食べるなんて！」というのが正直な感想だと言います。フランスやチリなど、一部、生卵を使う国もありますが、世界の一般的な常識では「卵は加熱して食べるもの」なのです。

その理由は食中毒を防ぐため。鳥は産卵するところと糞尿を排出するところが同じため、腸内のサルモネラ菌が卵についてしまうことがよくあります。そのため、加熱せずに食べるとサルモネラ菌による食中毒になる危険性があるのです。

この問題をクリアするために、日本では徹底した卵の品質管理がされています。

その徹底ぶりは、まずヒナに与える飼料から違います。飼料は、「飼料安全法」に基づいて工場で生産されたもののみが使われます。

衛生管理が行き届いた鶏舎から採れた卵は、まずＧＰセンターへ集められます。ＧＰセンターとは、鶏卵の選別をしたり、包装をしたりする施設です。ここで卵は洗浄され、選別され、さらに検査を経て、容器へ包装されます。この間、ほとんど人の手が直接触れることはありません。また、出荷までの検査は何段階にもわたり、それらに合格した卵のみが出荷されるのです。

さらに、外国と日本の卵では賞味期限の期間が大きく異なります。本来、卵は長期保存が可能な食材ですが、日本では生食することを前提に消費期限を2週間程度に設定しています。

一方、海外では、卵は過熱することが前提とされているので、消費期限が2か月くらいに設定されている国もあるようです。

こういった徹底した品質管理のおかげで、最近では海外でも日本の卵への信頼性が高まっています。２０１８（平成30）年10月にはアメリカへの卵の輸出が解禁されることになりました。農林水産省は日本食ブームを追い風として、卵を生のままで食べる日本食独自の文化を世界へ広めていきたいと考えています。

海苔

NORI

生海苔を消化する酵素をもたらした日本独自の食生活

海苔と日本人の長いつき合い

日本食がブームになるまで、海苔を見た外国人は、「日本人は黒い紙を食べるのか」と驚いたそうですが、最近では海外でも海苔を食べる人が増えています。

一般的に海苔と言えば、寿司やおにぎりで使われる焼き海苔を思い浮かべるかもしれません。

家庭でもよく使われるのは焼き海苔でしょう。しかし、日本人は長い間、生で海苔を食べていました。

日本人が海苔を食べ始めたのは縄文時代と言われ、文献でその名が見られるのは8世紀初頭になってからです。大宝律令《たいほうりつりょう》には「紫菜」という名で記され、税として朝廷に納められていました。当時はまだ岩場についていた藻を採り、未加工で食べていたと考えられています。

平安時代には、海苔は神仏への供物や貴族間の贈答品として珍重され、江戸時代になると徳川幕府に献上されて養殖が始まりました。そして生海苔を紙状に乾燥させた板海苔が登場し、１８４４（弘化元）年には、三浦屋田中孫左衛門によって今日見られるような焼き海苔が発売されました。

歌川広重画『名所江戸百景　南品川鮫洲海岸』。海岸で海苔の養殖が行なわれている。（国立国会図書館所蔵）

日本ではおそらく、縄文時代から遅くても江戸時代後期まで、生海苔が食べられ続けていたというわけです。この食文化は、日本人の腸にある変化をもたらしました。それは、世代を重ねるうちに、本来は持っていなかった生海苔を消化する酵素を獲得したという点です。

生の状態での海苔の細胞壁は

非常に固く、本来消化することができません。ところが、フランスの研究機関によって、日本人の腸内にはそれを分解する酵素を持つ微生物が存在していることが確認されたのです。その微生物は今のところ日本人以外からは見つかっていません。

ただ、海苔を焼くことで細胞壁は壊れるので、今日の焼き海苔は、酵素を持たない外国人でも消化することができます。

また、細胞壁が分解されると、その中に閉じ込められていた旨味成分、グルタミン酸をはじめ、イノシン酸やグアニル酸などが溶出し、より味わいが深くなるのです。

外国人にも消化でき、さらに旨味が出るために、国内外で焼き海苔が人気になっているというわけです。

独特な海苔の数え方

日本には、うどんなら「玉」、ざる蕎麦なら「枚」など、数を表す独特な言葉があります。海苔は、普段の食卓では1枚、2枚と数えているでしょうが、じつは「帖」という独特の数え方があることをご存じでしょうか。

帖は、紙や畳、屏風などの薄いものを数えるときに使われてきました。板海苔も紙と同じような形で乾燥させたため、帖と数えられるようになったのです。「全型」というサイズの海苔が10枚で「1帖」です。

全型とは、21×19センチメートルの正方形に近いサイズのことを言います。海苔には手巻き寿司やおにぎりなど用途によって色々な大きさがありますが、全型のサイズが基本となってそれぞれ呼び方が決められています。「全型」を半分に切ったものが「半切《はんさい》」、3枚に切ったものが「3切《さい》」。以下「4切」、「6切」、「8切」、「12切」まであります。

日本人はさまざまな場面で海苔を利用するため、これほど多種類のサイズが用意されるようになったのです。

鰹節

KATSUOBUSHI

食べ物が腐りやすい気候が生んだ旨味凝縮の秘訣

腐敗を防ぐための知恵

かつて味覚と言えば、甘・塩・辛・酸・苦の5種類とされていましたが、昆布や鰹節の成分から旨味という味の成分が科学的に証明されました。

当時は国外では旨味は認められませんでしたが、2000年に旨味を感じる受容体が舌にあることが判明すると、旨味は第6の味として世界の注目を集めるようになりました。

とは言っても西洋でも肉や魚、野菜を一緒に煮込んだブイヨンやコンソメが使われるように、それ以前から旨味成分のある食品から出汁をとるのは、料理の基本としてごく普通に行なわれていたことです。

旨味成分を含む食品はたくさんありますが、なかでも世界から注目されているのが鰹節です。

　鰹節はカツオの肉を加熱し乾燥させたものです。グルタミン酸とイノシン酸などの旨味成分が凝縮されており、これを出汁をとるために使えば食材の絶妙な旨味を引き出すことができます。そのため、最近ではフランスやスペインのシェフたちも鰹節を使い始めています。

　これほど出汁をとるのに向いた食品が生み出されたのには、日本の気候の特色が大きく関係しています。

　高温多湿な気候である日本では、食べ物が腐敗するのは避けられません。カツオは大量にとれる魚でしたが、傷みやすいため、昔の人は何とか保存できないかと考えるようになりました。

　そこで、試行錯誤を重ねた結果、腐敗することを逆手にとり、発酵を利用することに着目します。カツオにカビを繁殖させて乾燥させるという操作を何度も繰り返し、カビが生成する旨味成分のイノシン酸を閉じ込めつつ、長く保存できる保存食を作り出したのです。

　腐敗を防ごうとしたがゆえに生み出された鰹節。まさに日本人の知恵が詰まっている食品と言えます。

麹菌

KOJIKIN

発酵食品を得意とする日本が生んだ麹菌「Ａ・オリゼー」

Ａ・オリゼーは日本にしかない麹菌

国歌は「君が代」、国旗は「日の丸」、国花は「桜」と「菊」と決められているように、日本には国菌《こっきん》があるのをご存じでしょうか。２００６（平成18）年に日本醸造学会によって日本を代表する菌が選定されました。それが麹菌《こうじきん》です。

麹菌には、Ａ・オリゼー（黄麹菌）、Ａ・ソーエ（醤油麹菌）、Ａ・リュウキュウエンシス（黒麹菌）、Ａ・カワチ（白麹菌）などいくつかの種類があります。味噌や醤油、日本酒を作るのに使われているのは、Ａ・オリゼーです。

味噌や醤油、日本酒などの発酵食品を作る時に欠かせないもので、麹菌はカビではあるけれど、食べられるカビというのが特徴です。

これらの発酵食品に用いる麹とは、蒸した米などの穀物や豆類に、麹菌を繁殖さ

麴の種類

黄麴	蒸し米を材料にして作る麴。清酒、味噌、醤油を製造する際に用いる、日本独特の麴。アスペルギウス・オリゼーというカビが用いられ、清酒の米を糖化するなどの働きを持つ。
黒麴	泡盛や焼酎のもろみ作りに用いる麴。
紅麴	モナスカス・アンカーを菌種とする真紅の麴で、中国の高級酒や台湾の紅酒に用いられる。
麴子《きょくし》	小麦粉や、とうもろこし粉を固めて作った麴で、中国酒の原料に用いられる。
小麦麴	炒り粉砕小麦などを繁殖させて作った麴で、醤油製造に用いる。
糠・麬麴	糠や麬で作った麴。アルコールや酵素剤の製造に用いられる。

せたものを言います。

和食に欠かせない味噌や醤油といった調味料や日本酒を作るために使う麴菌は、たしかにその働きだけで日本を代表する菌と言えそうです。それに加え、麴菌が国菌となった背景にはもうひとつの理由があります。それは、A・オリゼーは、日本にしかない菌だからです。

人の手で作り上げた世界唯一の麴

2005（平成17）年にA・オリゼーのゲノム解析が完了した結果、A・オリゼーはもともと自然界に存在していた菌ではないことがわかりました。日本人が発酵食品を作るために長い時間をかけて、より発酵に適した株を選び、それらを育てて現在の菌になったと考えられるのです。

その根拠は、A・オリゼーにはカビ毒を生成する機能がなくなっていること、一般的なカビは1個の胞子に1個の核を持つのに対して、1個の胞子に複数の核があること、またそのことにより形質が安定していること、発芽が早いこと、酵素を作り出す力が大きいことなどが挙げられます。

こうした特徴は、発酵食品を作るためにはとても都合がよく、ここまでの特徴を備えるには、人の手が加わらなければできないと推察できます。

A・オリゼー以外の麹菌についても、東洋諸国でもよく利用されており、麹による発酵は東洋ならではの製造法といえます。それは、温暖湿潤な気候が麹菌に適していたからです。

乾燥気候の西洋では、麹菌は育ちません。その代わり西洋では麦芽が使われます。麦が芽を出すのを利用して発酵させ、麦芽を使って酒や酢を作ってきました。麦芽酒の代表格と言えばビールですが、蒸留の技術が開発されると、麦芽を使ってウイスキーやジン、ウォッカなども作られるようになったのです。

味噌

MISO

時代とともに用途が変わった調味料

色だけではない赤味噌と白味噌の違い

日本食の味つけに欠かせない調味料のひとつに、味噌があります。味噌には赤味噌と白味噌がありますが、この色の違いはどうして生まれたのでしょうか。

色の違いは、原料の大豆の種類、大豆を煮るか蒸すか、麹が多いか少ないか、発酵の途中でかき回すかどうかなど、多くの要因が重なって生じます。それらの組み合わせによって、「メイラード反応」の進み具合が変わるからです。メイラード反応とは大豆に含まれる糖とアミノ酸が反応して色が濃くなる現象で、「褐変《かっぺん》」とも呼ばれます。高温状態や醸造期間の長さもメイラード反応を促進します。

大豆と塩を多く使い、醸造期間を長くかけて赤褐色に仕上げるのが、仙台味噌、江戸味噌などに代表される赤味噌です。

これに対して白味噌は、メイラード反応をできるだけ抑えるために、米麹を多く使い、短い醸造期間で完成されます。赤味噌に比べて塩は少なめにされており、日持ちはしません。さらに、反応を起こす糖をなるべく取り除く工夫もされています。赤味噌は大豆を蒸して作られますが、白味噌は煮汁に溶け出した糖を取り除くために大豆を茹でて作られます。また、糖が含まれる皮も取り除かれます。白味噌は関西で広く用いられ、とくに西京《さいきょう》味噌が有名です。

舐める味噌から飲む味噌へ

現在、味噌を使った料理として、最もメジャーなのは味噌汁でしょう。ところが、味噌の歴史をさかのぼると、もともとは汁にして飲むものではなく、舐めて味わうものでした。

味噌は、飛鳥時代に朝鮮半島から伝わったと考えられますが、これは大豆だけを使った豆味噌で、「醬《ひしお》」、「未醬《みしょう》」などと呼ばれていました。米味噌が作られるようになったのは、平安時代になってからのことです。この頃、味噌は舐めたり、豆腐や野菜に塗ったりして食べる高級品で、庶民の口に入るものではありませんでした。

味噌汁として飲まれるようになったのは、平安時代末期から鎌倉時代。禅僧らが味噌をすり鉢ですり、湯に溶かして飲んだのが始まりとされています。

味噌が庶民にまで広まったのは、室町時代末期から江戸時代にかけてです。とくに戦国時代には、味噌は米や塩とならぶ兵糧《ひょうろう》とされ、各地の武将たちは味噌作りを奨励しました。現代と同じ醸造法がほぼ確立したのは、江戸時代後期になってからで、自家用の味噌が作られるようになりました。

高級調味料だった味噌は、今日、日本食に欠かせない身近な調味料となり、どの家庭でも味噌汁が飲まれるようになりました。最近では出汁をとる手間をかけずに、素早く味噌汁を作ることのできる出汁入り味噌も販売されています。

これは、味噌に鰹節や昆布の出汁を入れただけのものではありません。それでは味噌の中の酵素によって、出汁の旨味が分解されてしまうのです。そこで酵素の働きを抑えるために加熱処理をするのですが、長時間加熱すると今度は味噌の風味が損なわれてしまいます。

そこで味噌メーカーは、味噌の急速加熱、急速冷却のできる技術を開発し、出汁入り味噌の発売にこぎつけたのです。出汁入り味噌の登場によって、味噌汁はますます手軽で身近な料理となったのです。

竹の葉

TAKE-NO-HA

竹の優れた性能を熟知していた日本人

ラップより優れた性能を持つ竹の皮

フィリピンやインドでは、バナナリーフがお皿として使われています。ここにご飯やカレースープ、ナンなどの食材を載せて食べるのです。バナナリーフは庭などにあるバナナの木から取ってそのまま使えるので手近でエコなうえに、葉には抗菌作用もあり、とても理にかなった食器の代用品です。

このバナナリーフと同じようなものが日本にもあります。それが竹の皮です。時代劇などを見ていると、旅人が竹の皮に包んだおにぎりを食べるシーンが出てきます。この場面からもわかるように、竹の皮は日本人にとって食材を包む材料として長く重宝されてきました。

今でこそ、竹の皮を利用することは非常に少なくなりましたが、かつては竹の皮の調達に困ることはありませんでした。

竹は皮を脱ぎながら成長するのですが、ひと晩で2尺（1尺は約30センチメートル）と言われるほど成長が早いので、どんどん竹から皮が剥がれて落ちてくるのです。この竹の皮を拾えば、そのまま使えるのですから、エコで手間もさほど必要ないうえに、量も十分にあります。

また、竹の皮は梱包材として優れた性質を持っています。竹の皮は丈夫で、簡単には破れませんし、防水性があります。それに加えて抗菌性や適度な通気性まで備わっています。毛が生えている外側とは違い、内側はツルツルとしているので海苔やご飯粒がくっつくこともありませんし、食物の脂や水分も染み込みません。

竹の皮に取って代わったラップは、竹の皮の内側の表面にある薄い膜だけを人工的に作り出したものなのですが、抗菌性はなく、通気性もほぼゼロ。梱包材としては竹の皮のほうが優れていると言えるでしょう。

さらに、日本人は、竹自体も調理器具や器などに利用してきました。野菜は金属に触れると風味が落ちますが、竹ならば風味を損ねることはありません。

現在ではラップやプラスチックの容器、金属製の調理器具が主流となっていますが、竹の利用は日本人が培った生活の知恵を教えてくれるのです。

柿

KAKI

防水剤や防腐剤として活用されていた柿のシブ

日本人に愛されてきた渋味

日本産の果物は、品種改良や栽培法の工夫などにより、味がよく、安心安全であるとして、外国人からの評価は年々高くなっています。

ところが、そのなかで柿はあまり高評価ではありません。柿の主な栽培地は中国と日本くらいで、西洋ではなじみのない果物だというのが一因のようです。また、品種によって「とても渋い味のものがある」という印象を持っているようです。

日本では甘い柿も渋い柿も、どちらも重用されてきました。江戸時代の農業書『広益国産考《こうえきこくさんこう》』には、甘い柿がなる木は屋敷内に、渋柿がなる木は屋敷の外の畑に植えるとよいといった記述があります。これは、甘い柿は盗み食いされたり、動物に食べられたりするので、目が行き届く敷地内に植えるほうがとよいということです。一方、渋柿は盗られにくいので目が届かない場所でもかまわないことを意味しています。

でもなぜ、渋い柿の植え方まで記述されているのでしょうか。それは、もちろん使い道があったからです。

柿は甘柿、渋柿に分類されますが、甘柿の木でもまだ熟していない柿には渋味があります。それが熟すにつれて、渋味が抜けていき甘柿になるのです。渋味がそのまま残る渋柿も、干し柿にすれば糖度が増し、さらに保存期間も長くなります。

つまり、甘柿でも渋柿でもおいしく食べられるわけですが、じつは渋自体にも生活に欠かせない役割がありました。化学製品がない時代の日本では、柿汁を自然発酵させた「柿渋《かきしぶ》」が、防水剤や防腐剤として使われてきたのです。

防水の役割としては、紙の和傘に水分をはじくように塗ったり、漁業用の網に塗ったりしました。また、防腐剤としては、カビに強い衣服を作るために布の染料として使われました。

現代では、柿渋を使うケースはずいぶん減りましたが、それでも独特の風合いがあるということで、染料としての柿渋は人気があります。

レトルト食品

RETORUTO-SHOKUHIN

アメリカの〝軍事技術〟から生まれた世界初の〝市販〟レトルト食品

軍用携帯食をヒントに始まった開発

常温で保存できて加熱するだけで簡単に食べられるレトルト食品は、忙しい毎日を送る現代人には心強い味方。その便利さから現在では世界中のお店に多種多様なレトルト食品がありますす。そんなレトルト食品が世界で初めて〝市販〟されたのは、じつは日本でした。それがおなじみの「ボンカレー」です。

なぜ市販という点を強調したのかというと、レトルト食品自体を開発したのは日本ではないからです。

そもそも、レトルトとは食品の入った袋のことなのかと思いがちですが、そうではありません。もともとレトルトとは、化学の分野で使う気密性の高い容器のことで、食品業界では高温殺菌釜を意味します。食品をこの釜に入れて高い熱と圧力を加えると、細菌が減滅し、腐りにくくなるのです。

この技術を考案したのは、アメリカ陸軍でした。缶詰に代わる軍用携帯食として開発されたのです。レトルト食品は後に宇宙食として採用されたのをきっかけに、人々の注目を集めました。しかし、アメリカ食品衛生局が市販の許可を出さなかったため、市販されるまでには至りませんでした。

これに目をつけたのが日本の企業でした。ソーセージを真空パックにしたレトルト食品が紹介されていたアメリカの専門雑誌からアイデアを得て、カレーをレトルト食品にできるのではないかと研究を始めたのです。しかし、当初のパウチ（食品を包む袋）は光と酸素を通したため、賞味期限は冬期でも3か月しかありませんでした。また、衝撃に弱く、輸送途中に破損してしまうという弱点がありました。

それでも改良が重ねられ、光と酸素を遮断するパウチが開発されました。さらに破損を防げるようになり、賞味期限も2年に延びるようになりました。

そしてついに、1968（昭和43）年に世界初の市販レトルト食品が発売され、瞬く間に人気商品となりました。そしてそれに続けとばかりに、国内外のほかのメーカーも、レトルト食品の製造を始めるようになったのです。

日本人がレトルト食品の普及の大きな一助を担ったことに間違いはありません。

ラーメン

RAMEN

南京町の南京そばをルーツとし、ガラパゴス的進化を遂げた日本の〝国民食〟

アレンジの妙で大人気となった国民食

カレーライスとともに日本の国民食となっているラーメンは、中国の麺料理をベースに日本独自の進化を遂げてきたことはご存じのとおりです。海外でも、中国の麺料理と日本のラーメンはまったく別の料理として認識され、日本のラーメンのファンも増えています。

日本のラーメンのルーツを探ると、「南京《なんきん》そば」にたどり着きます。明治になり日本が開国すると、多くの華僑《かきょう》が移り住み、南京町と呼ばれる中華街を形成しました。そこで華僑のために開かれた食堂で提供されていた麺料理が、南京そばです。

では、その南京そばがすぐに日本人に受け入れられたのかというと、そうではありません。うどんや蕎麦のさっぱりとした味とは異なり、こってりとした中国料理の味付けのままでは、日本人の口には合いませんでした。そこで、日本人がふだん慣れ親しんでいる鰹節や煮干し、醤油などを使ってアレンジし始めたのです。

アレンジを試みた数々の店のなかでも草分け的な存在が、1910(明治43)年に浅草でオープンした中華料理店「来々軒《らいらいけん》」です。オーナーは横浜税関を退職した尾崎貫一《おざきかんいち》で、彼は日本人好みのラーメンを作るために広東《カントン》出身の料理人12人を雇い、試行錯誤の末、醤油味スープの南京そばを完成させました。これが評判となり、日本風の味付けが広まっていったのです。

ラーメンの語源はどこからきたのか?

こうして日本全国にラーメンが広まっていくと、各地域の特徴を活かしたご当地ラーメンが次々と出てきます。

たとえば、味噌ラーメンで有名な北海道ラーメン、イワシをベースにした青森県津軽ラーメン、牛がら出汁をトッピングして食べる山形の冷やしラーメン、蕎麦出汁系の岐阜の飛騨高山ラーメン、煮干し系スープの広島ラーメン、とんこつスープの博多ラーメンなどがあります。その味わいは多種多様で、ひと口にラーメンと言っても奥が深く、このバリエーションの豊富さも、ラーメンが人気を誇る理由のひとつかもしれません。

では、南京そばがどうして「ラーメン」と呼ばれるようになったのかというと、麺を作る方法「拉麺（ラーミェン）方式」からきているというのが有力な説です。拉麺方式とは、生地を引っ張って長く延ばす作り方で、いわゆる手延べ式のことです。

明治末期頃から、「ラーメン」と呼ぶ店が登場しています。その後も南京そば、支那そば、中華そばなど呼び名は混在していました。

ラーメンという名称が一般的になったのは、１９５８（昭和33）年以降のこと。この年にインスタントラーメンが発売されると、ラーメンはその名とともに、手軽にいつでもどこでも食べられるファストフードとして一気に普及していきました。

このように、中国の麺料理からアレンジを経て日本のラーメンへと進化してきたのですが、現在でもその進化は続いています。

カップラーメン

KAPPURAMEN

アメリカの食文化をヒントに開発された即席麺

箸も丼もない国で食べられるラーメン

世界で1年間に約1000億食も消費されているというインスタントラーメンは、日本で誕生した商品です。日清食品の創業者である安藤百福《あんどうももふく》によって開発され、1958（昭和33）年に発売されました。終戦間もない頃に寒空の下で震えながら闇市《やみいち》のラーメンの屋台に並んでいた人々の姿を思い出し、家庭で手軽に作れるラーメンを開発しようと思い立ったといいます。

さらにその後、お湯さえあれば食べられるカップラーメンも開発しています。しかし、インスタントラーメンとは違い、カップラーメンは日本人のために考えられたわけではありません。世界にインスタントラーメンを売り込むために開発された商品なのです。

安藤がカップラーメンを開発するきっかけとなる体験をしたのは、彼がアメリカへ袋入りの「チキンラーメン」を売り込みに行った時のことです。スーパーのバイヤーたちにインスタントラーメンの試食を勧めたのですが、手近なところに箸も丼もありませんでした。すると彼らは、「チキンラーメン」を小さく割って紙コップに入れ、お湯を注いでフォークで食べ始めたのです。

これを見た安藤は、外国では食事の習慣が違うのだと驚いたそうです。当然といえば当然なのですが、世界の多くの国は、箸や丼を使って食事をする習慣がありません。この体験からカップとフォークで食べられるインスタントラーメンを開発しようと決意したのです。

ある事件がきっかけで人気商品に

カップラーメンの開発は、まずカップの製作から始まりました。カップは片手で持てる大きさで、軽くて丈夫、しかも断熱性が高くなくてはいけません。当時の紙コップではこれらの条件を満たすことはできず、しかも紙の匂いがラーメンに付いてしまうという欠点がありました。そこで、自社で容器の製造に乗り出し、まだ日本では珍しい素材だった発泡スチロール製のカップを作り出しました。

　さらに、中に入れる麺にも工夫が必要でした。カップにちょうどおさまるサイズの麺では、輸送中の振動で麺が割れてしまうという問題が発生したのです。そのため、カップの底面よりも麺を大きくしてカップの途中に固定するという解決策が考えられました。

　こうして1971（昭和46）年に、世界初のカップラーメン「カップヌードル」が発売されました。あえて「ラーメン」ではなく「ヌードル」という商品名にしたのは、新しい食品であることを強く打ち出すためでした。

　カップラーメンはまず日本で販売されたのですが、売り上げはなかなか伸びませんでした。ところが、翌年に起こったあさま山荘事件（連合赤軍が人質をとって立てこもった事件）が思わぬ宣伝効果をもたらし、状況は一変しました。この事件は連日テレビで中継され、日本じゅうの人々が息を詰めて見守っていました。そこに、厳寒のなかで機動隊員たちが白い湯気を立てて黙々と「カップヌードル」をすする姿も映し出されていたのです。

　これで「カップヌードル」は注目されるようになり、注文が殺到することになりました。そして、時を置かずしてアメリカでも販売されるようになったのです。

コンペイトウ

KONPEITO

コンペイトウのイガイガは、日本人の技術の結晶

織田信長も好んだ洋菓子

イガイガとした姿がなんとも愛らしいコンペイトウは、近年あまり見かけなくなりました。それでも、昔ながらのお菓子として、祭りの屋台や駄菓子屋、お土産屋などではコンペイトウを見かけることがあります。

今では懐かしささえ感じるコンペイトウですが、もともとは室町時代末期に宣教師たちによって日本に持ち込まれた南蛮《なんばん》菓子です。コンペイトウの名前は、ポルトガル語で砂糖菓子、キャンディなどを表す「コンフェイトス」からきています。漢字では「金平糖」「金米糖」「金餅糖」などと書かれます。

日本人ではじめてコンペイトウを食べたのは、織田信長だとされています。イエズス会の宣教師ルイス・フロイスが、ある宣教師に宛てた手紙には、1569（永

南蛮貿易地図

当時の世界はスペイン、ポルトガルが積極的な海外進出を行なっており、日本でも南蛮貿易が行なわれていた。

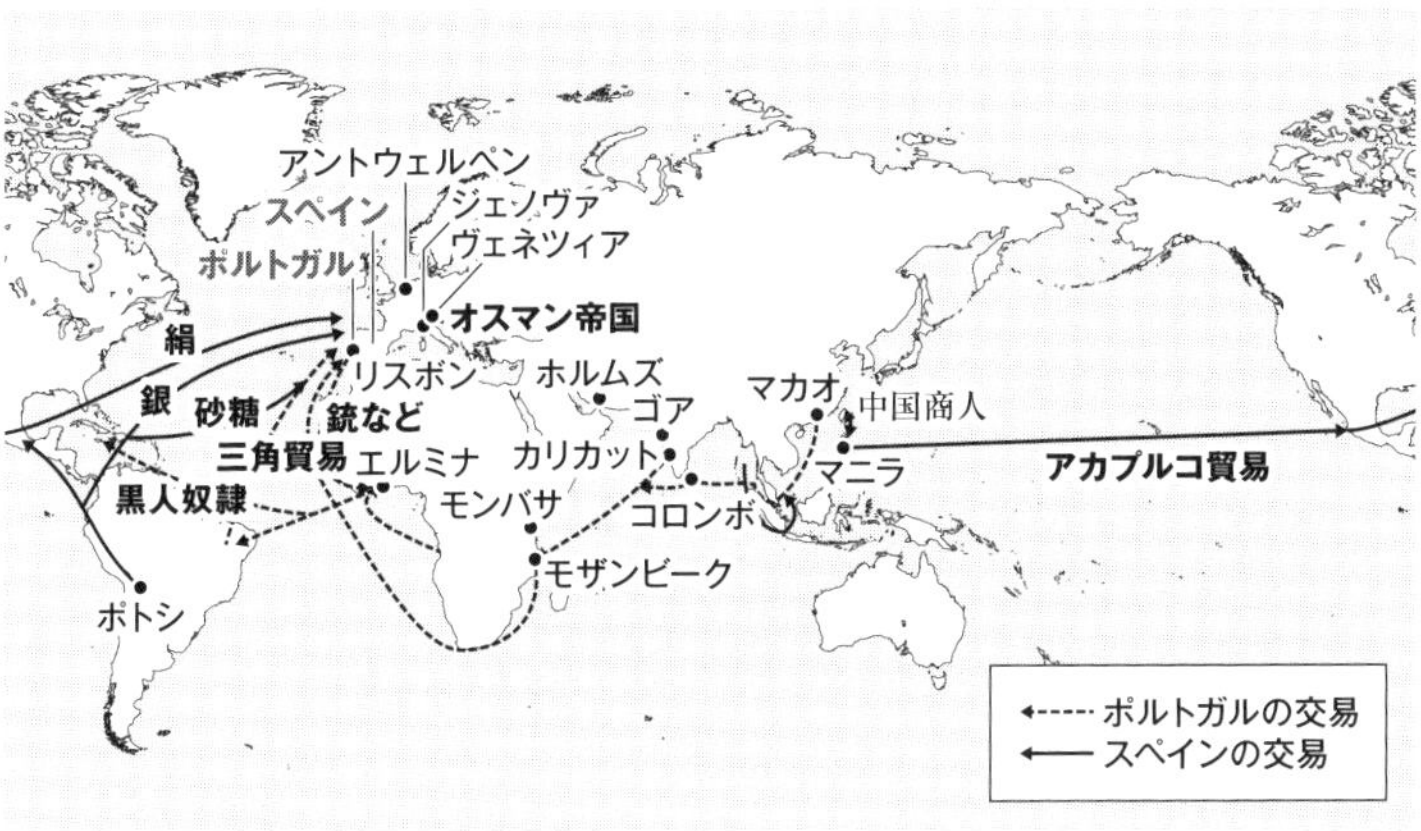

禄12）年に織田信長にコンペイトウを献上したことが記されています。このとき、新しいもの好きな信長は、大層喜んだと伝えられています。

イガイガの数にもこだわった日本人

江戸時代になるとコンペイトウは日本でも作られるようになり、その製法は井《い》原西鶴《はらさいかく》の『日本永代蔵《にっぽんえいたいぐら》』にも記されています。胡麻《ごま》あるいは芥子《けし》の粒を砂糖で煎じて乾かしてから鍋に入れると、一粒ごとに砂糖の結晶が衣をまとったようになり、次第に角のように吹き出し、それがイガイガの形になるというものでした。

コンペイトウは将軍家にも献上され、その際は一粒のイガイガは36個と決まっていました。これは、天下を象徴する「天地六合《てんちりくごう》」の考えにちなみ、6×6の36が縁起のよい数とされていたからです。献上する際はコンペイトウの角を数え、36個に足りないものも多すぎるものも、はねていたといいます。日本人のコンペイトウの形へのこだわりがわかります。

ところが、ヨーロッパで販売されているコンペイトウには、日本ほどのイガイガがありません。

じつは、私たちが見慣れている日本のコンペイトウは、日本人が編み出した大変な手間と時間のかかる手法で作られているのです。現在のコンペイトウの核となっているのは、餅米を細かく砕いた「イラ粉」と呼ばれる粉です。まず、イラ粉を釜に入れて、グラニュー糖を溶かした蜜をふりかけては乾かすという作業を繰り返します。角が顔を出すのは3日ほどたってからで、その角が育つまでには2週間もかかるのです。

その間、職人は釜のそばにつきっきり。ふりかける蜜の量やタイミングは、気温や湿度によって異なるうえに、デリケートな砂糖の結晶は、ちょっとした変化で台なしになってしまうのです。

こうした職人の努力によってコンペイトウは綺麗な形を保っているのです。

日本酒（其ノ二）

NIHONSHU

唾液の力で発酵させた麹のない時代の醸造法

唾液の力を利用して酒を作っていた古代人

2016（平成28）年に公開され、ハリウッドでの実写化が決まったほど大ヒットした映画『君の名は。』で、主人公の少女が神事で米を嚙んで吐き出し、酒を作るシーンが登場します。これに衝撃を受けた人も多かったようで大きな話題となりましたが、古代日本ではこのようにして酒造りをするのが普通だったのです。

日本酒は米から作られますが、米自体には糖がありません。発酵させるためには、そこに含まれているデンプン質を分解して、糖化する必要があります。現代ならばそのために麹を利用するのですが、日本人が麴菌を発見したのは弥生時代のこと。それ以前に利用されていたのが唾液の力でした。

唾液には消化酵素が含まれており、これが穀類のデンプン質を分解してブドウ糖を作ります。ご飯やパンを口に入れて何十回も噛んでいると、だんだん甘くなってくるのは消化酵素の働きのためです。

唾液の働きを利用して酒を作るには、まず映画のように米などの穀類を口に含んでよく噛み砕き、それを容器に吐き溜めます。するとデンプン質が唾液によって分解されてブドウ糖へと変化し、空気中を浮游していた酵母がブドウ糖に付着してアルコール発酵を起こすのです。こうしてできる酒は「口《くち》噛《か》み酒《ざけ》」と呼ばれます。

その後、弥生時代になって麹カビが発見されると、現在の日本酒に近い麹カビを使った酒づくりが始まりました。神への供物だったご飯にカビが出たので、それを酒作りに用いたという伝承が残されています。

しかし、麹カビが発見されてからも口噛み酒は引き継がれて、近年まで作られていました。口噛み酒は、神前に供える酒として、長く用いられていたのです。沖縄の石垣島や北海道の紋別などでは、口噛み酒を祭りに用いる伝統が残っていました。米を噛むのは、穢《けが》れを知らない処女、あるいは巫女とされることが多かったようですが、大勢の男女が集まって米を噛んでは容器に吐き出す地域や、鼓を打ったり歌ったりしながら米を噛む地域もあったようです。

日本酒（其ノ三）

NIHONSHU

味を判断するために確認すべき3つのポイント

日本酒度、酸度、アミノ酸度で日本酒を分析

一時は日本酒を飲む人は減っていたようですが、最近では人気も回復し、若い女性がワイングラスに入れて飲む光景も珍しくなくなりました。さらに海外でも日本食ブームを追い風にして日本酒が脚光を浴びています。海外のお店に積極的に紹介しようと、現地へ足を運ぶ蔵元も多くなっているようです。

しかしながら、日本酒は実際に口にしてみるまで味が想像しづらく、自分で銘柄を選ぶとなるとハードルが高く感じられます。ラベルに書いてあるのも、たいていは銘柄と吟醸酒、純米酒といった分類くらいです。

この分類では醸造方法の違いがわかるだけで、味の違いまではわかりません。味

の見当をつけるには、次の3つのポイントがあります。

まず「日本酒度」です。日本酒は、米のでんぷんを米麹菌が糖分に変えた後、今度はその糖分を酵母が取り込んでアルコールにするという行程で作られます。この作業を途中でやめさせれば、糖分がたくさん残っている日本酒になります。反対に、酵母が糖分をアルコールに変える作業を長く続けさせれば、糖分が少なくアルコール度数の高い日本酒になるわけです。

日本酒度は、水の比重を0として、プラス10からマイナス10の数値で表します。アルコール度数が高いとプラスに、糖分が多いとマイナスになり、プラスなら辛口、マイナスなら甘口と表示されます。

2つ目は「酸度」です。これはコハク酸や乳酸などの酸の総量を表したもので、酸が多いほど辛口、少ないほど甘口に感じられると言われています。

最後は「アミノ酸度」です。アミノ酸が多いほどコクのある味になります。

ただし、日本酒の味わいは複雑です。日本酒度のプラスとマイナスの酒を飲み比べても、実際にはマイナス表示の酒のほうが辛く感じることもあります。そこがまた、日本酒の奥深さでもあるのです。

日本酒（其ノ四）

NIHONSHU

日本の風土が生んだ酒

米を発酵させるために必要な手順

日本酒は米から、ワインはぶどうから作られるのはご存じの通りです。日本酒とワインでは原料の違いだけでなく、醸造の行程も大きく異なります。

日本酒造りの行程は、①精米、②洗米、③浸漬《しんせき》、④蒸米《じょうまい》、⑤麴造り、⑥酒母《しゅぼ》造り、⑦仕込み、⑧もろみ造り、⑨上槽《じょうそう》、⑩火入れ、⑪貯蔵、⑫加水、⑬瓶詰め、⑭ラベル貼り、⑮出荷という手間のかかるものです。

そしてこのなかで、日本酒ならではの行程が、④蒸米、⑤麴造り、⑥酒母造りです。米には糖分が含まれていませんから、麴によってデンプンを糖化させてから酵母を加える必要があります。

まず、米を蒸してデンプンが分解しやすい状態にしてから麹菌を増やします。そして、麹菌がデンプンを糖に変えている最中に酵母を投入し、酒の素となる酒母を作るのです。

それに対し、ワインの原料であるぶどうにはすでに糖分が含まれており、果汁に酵母を加えれば発酵が始まります。そのため、こうした行程は必要ありません。

また日本酒では、酒母に水と麹と蒸し米を加えていく⑦仕込みがあります。これは「三段仕込み」と呼ばれる手法で3回に分けて行ないます。一度に全部の量を仕込んでしまうと酵母の働きが鈍くなり、雑菌が繁殖する恐れがあるからです。

このようにじっくり時間をかけて発酵させるので、日本酒の原酒はアルコール分が約20%と、ワインと比べると高くなります。

日本酒の主役は米と水

日本酒はその製造工程からもわかるように、ほとんど米と水でできています。この2つの原料が味を大きく左右するのですが、どのような米と水が日本酒に向いているのでしょうか。

日本酒を作るために用いる米は、「酒造好適米《しゅぞうこうてきまい》」略して「酒米《さかまい》」と呼ばれます。

日本酒の醸造行程

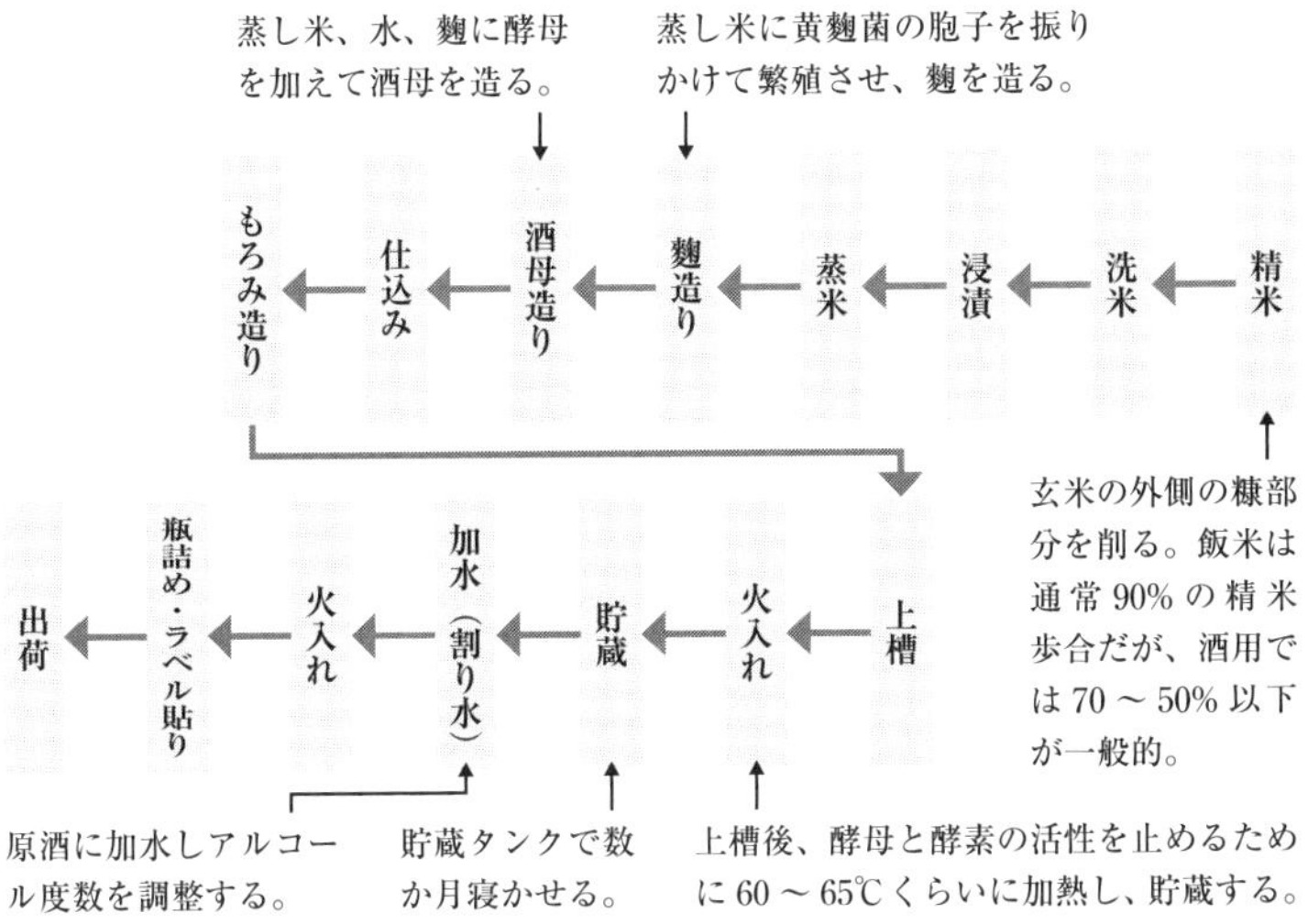
蒸し米、水、麹に酵母を加えて酒母を造る。
蒸し米に黄麹菌の胞子を振りかけて繁殖させ、麹を造る。
精米
洗米
浸漬
蒸米
麹造り
酒母造り
仕込み
もろみ造り
玄米の外側の糠部分を削る。飯米は通常90%の精米歩合だが、酒用では70〜50%以下が一般的。
上槽
火入れ
貯蔵
加水（割り水）
火入れ
瓶詰め・ラベル貼り
出荷
上槽後、酵母と酵素の活性を止めるために60〜65℃くらいに加熱し、貯蔵する。
貯蔵タンクで数か月寝かせる。
原酒に加水しアルコール度数を調整する。

これはふだん私たちが食べている米と同じうるち米ですが、その名前の通りお酒に適した特徴を持つものが酒米に分類されます。

通常食用とされている米に比べて粒が大きく、そのぶん、デンプン質の含有量が多い「心白《しんぱく》」と呼ばれる中心部も大きい特徴があります。

さらに、吸水性がよく酸化しやすいという性質も持っています。

また、食用であれば旨味のもととして喜ばれるタンパク質や脂質は、日本酒では雑味になってしまいます。

そのため、こうした成分が極端に少ないものがお酒には適しています。食べておいしい米がお酒に向いているとは限らないのです。

では、水はどうでしょうか。

まず、鉄や銅などの金属は日本酒を酸化させてしまうため、こういった成分が少ないものが適しています。

水には硬水と軟水がありますが、日本酒に適した水として名高い「灘の宮水《みやみず》」は硬水です。

酵母の栄養となるミネラル分の多い硬水を用いた酒は発酵が早く進み、辛口でキレのいい酒になります。

一方、ミネラル分の少ない軟水を用いた酒は、ゆっくり発酵するので、米の香りを残したまろやかな味になります。

軟水を用いた場合、時間だけでなく手間もかかることから、日本酒には硬水が使われることのほうが多いようです。

日本酒（其ノ五）

NIHONSHU

寝かせ続けた日本酒とワインの味の変化

長期熟成の日本酒がめずらしいワケ

一般的に、高価なワインは熟成させればさせるほどおいしくなると言われています。ワインのボトルに記されたヴィンテージが重要視されるひとつの理由は、それを見れば何年熟成させたのかすぐにわかるからです。

では、同じ醸造酒である日本酒の場合はどうでしょうか。「何年ものの日本酒」という表現はあまり聞き慣れないでしょう。じつは、日本酒の長期熟成に関する研究は始まったばかりなのです。

日本酒で長期熟成があまり試みられてこなかったのには、原料の違いに理由があると考えられます。ワインのもととなるぶどうの収穫は年に1回しかなく、収穫後はすぐに傷んでしまいます。長期保存するためにはワインにするくらいしかなかったのです。

また、その年の気候などによって、ぶどうの出来が左右されます。収穫されたぶどうによっては、早めに飲むのに適したものもあれば、10年以上寝かせたほうがおいしくなるものもありました。そのため、すぐに飲むものと長く保存するものに分けられるようになったのです。

熟成させるという考え方の背景には、ぶどうを無駄にしない智恵があったと考えられます。

一方、米は乾燥させておけばある程度長い期間、保存することができます。ぶどうのように、すぐにお酒にする必要性はありません。飲みたい分量だけを日本酒にすればよかったのです。そのため、いわば作り置きする必要はありませんでした。そもそも米は主食だったことから、長く保存するほど大量に作れなかったという事情もありました。

また、日本酒は温度によって、味や香りの変化を楽しむことができるというのもひとつの理由でしょう。

温度が5度変わるだけでもその味が変わると言われており、5度の冷酒から約20

度の常温、約35度の人肌燗、40度のぬる燗、50度の熱燗など、さまざまな飲み方があります。熟成を待たなくても、十分に堪能できたのです。

しかしながら、最近では長期熟成酒の独特の香りや味わいを好む人も増えてきました。

1985（昭和60）年には、日本酒の長期熟成に関する技術の共有と市場開拓を目的とした、長期熟成酒研究会が発足されています。

この研究会によって定義されている長期熟成酒とは、「製造後、満3年以上寝かせた、糖類添加酒、醸造酒を除く」ものです。つまり、3年以上寝かせた特定名称酒（吟醸酒、純米酒、本醸造酒）を指します。

日本酒の長期熟成の研究は歴史が浅いため、種類と熟成による味の変化についてまだわからない点が多いのですが、一般的には熟成させるほどまろやかで濃い味になると言われています。

味付け

AJITSUKE

樽廻船で運ばれた酒が生んだ関東と関西の味の違い

濃口醤油の誕生秘話

味の好みを比べてみると、一般に東京を中心とした東日本は濃い味、大阪を中心とした西日本は薄味を好むと言われています。同じ日本でも、東西で味付けの好みに差が出るのはなぜでしょうか。

もともと江戸は幕府開設以来、武士と肉体労働者の集まる都市で、とくに塩化ナトリウムを豊富に摂取できる、塩分の濃い味が好まれていました。一方関西では北前船によって昆布が大量に入ってきており、その影響から出汁の味を濃厚に使う出汁文化が栄えていました。

一説によると、その違いは当時の流通事情による酒の味の変化が原因となってより顕著になったと言われています。

江戸時代、各地からの特産品が集まるのは商業都市の大坂でした。いったん大坂に集められた食料品や日用品は、そこから船で江戸へ運ばれました。日本酒も同様で、おいしいと評判の灘の酒も船で江戸へ運ばれました。

大坂から江戸までは船で半月ほどかかります。江戸に着いた日本酒は、品川沖から新川《しんかわ》の酒問屋《さかどいや》に運ばれたのち、各店へ配送されます。つまり、灘の酒を江戸で口にすることができるのは、大坂から積み出されてから半月以上たってからになるのです。

当時、酒は杉樽に入れてられていたため、運ばれている間に、樽のなかで揺れてしまい、どうしても杉の香りが酒に移ったのです。杉の香りが強い酒とさっぱりした料理では、酒の香りのほうが勝《まさ》ってしまいます。そこから、江戸では木の香を消すために塩味の濃い味の料理が好まれるようになったというのです。

一方、すぐ近くに酒処がある上方《かみがた》では、杉樽の香りが移るまもなく酒が運ばれてきます。木香がほとんどない、すっきりした酒が味わえますから、それに合わせて、料理も薄味が好まれたのです。

また、上方のほうが新鮮な魚介類がすぐに手に入ったため、素材そのもののおいしさを引き立たせるために薄味が好まれたという点もあるでしょう。

どちらにしても、各地の特産品が最初に集まる商業都市が大坂だったことで、西日本で薄味が好まれるようになったのです。

関東でもアノ調味料の生産が始まる

こうした味付けの違いは、やがて江戸近辺での濃口醤油の誕生を促すことになります。それまでは日本酒だけでなく、醤油や塩などの調味料も上方から江戸へ運ばれるのが一般的でした。けれども、濃い味が好みの江戸っ子は、たくさん醤油を使います。

さらに、江戸の人口が飛躍的に増えて醤油の需要も増大し、上方から江戸へ運ばれていた溜醤油ではとても需要に追いつけなくなったのです。

そこで、江戸に近い常陸（茨城県のほぼ9割）の大豆、下総（千葉県北部と茨城県の一部）・武蔵（東京都と埼玉県、及び神奈川県の一部）の麦、行徳《ぎょうとく》（千葉県）の塩を使って、江戸近辺でも醤油作りが始まりました。このとき目指したのは、1年間熟成させる溜醤油よりも短い日数でき、しかも江戸で好まれる濃い味の醤油でした。こうして、現在でも東日本で愛用されている江戸っ子好みの濃口醤油が誕生したのです。

PART.3

第3章

和食が秘める「効能」を解明する

長寿大国日本——。
その秘密の鍵を握っているのもやはり「食」である。
日本人が早くから着目し、
その力を最大限に生かしてきた
日本食の「パワー」を見直す。

漬物

TSUKEMONO

600種以上も存在し、整腸剤効果のある健康食品

多種多様な味が楽しめる日本の漬物

日本食の名脇役といえば漬物です。おいしい漬物があるだけで、ご飯をおかわりしたくなったという人も多いかもしれません。海に囲まれた日本では、漬物に欠かせない塩が取れました。さらに、温暖湿潤な気候も漬物を作るのに適していました。そのため、漬物は昔から作られていたようで、奈良時代の木簡には、ウリの塩漬けや青菜の塩漬けの記述があります。

漬物は日本食特有のものではなく、中国料理ならザーサイ、韓国料理ならキムチ、西洋料理ならピクルスがありますが、日本の漬物はそれらのどの国にも負けないほど種類が豊富です。ナスやキュウリ、大根、ニンジン、白菜など材料となる野菜の種類が豊富なことはもちろん、味噌、酒粕《さけかす》、米糠《こめぬか》、麴《こうじ》、もろみなど、漬け床《どこ》も豊富

です。

さらに、漬け方にも種類があるので、現在日本には６００種類以上の漬物が存在しているとも言われています。

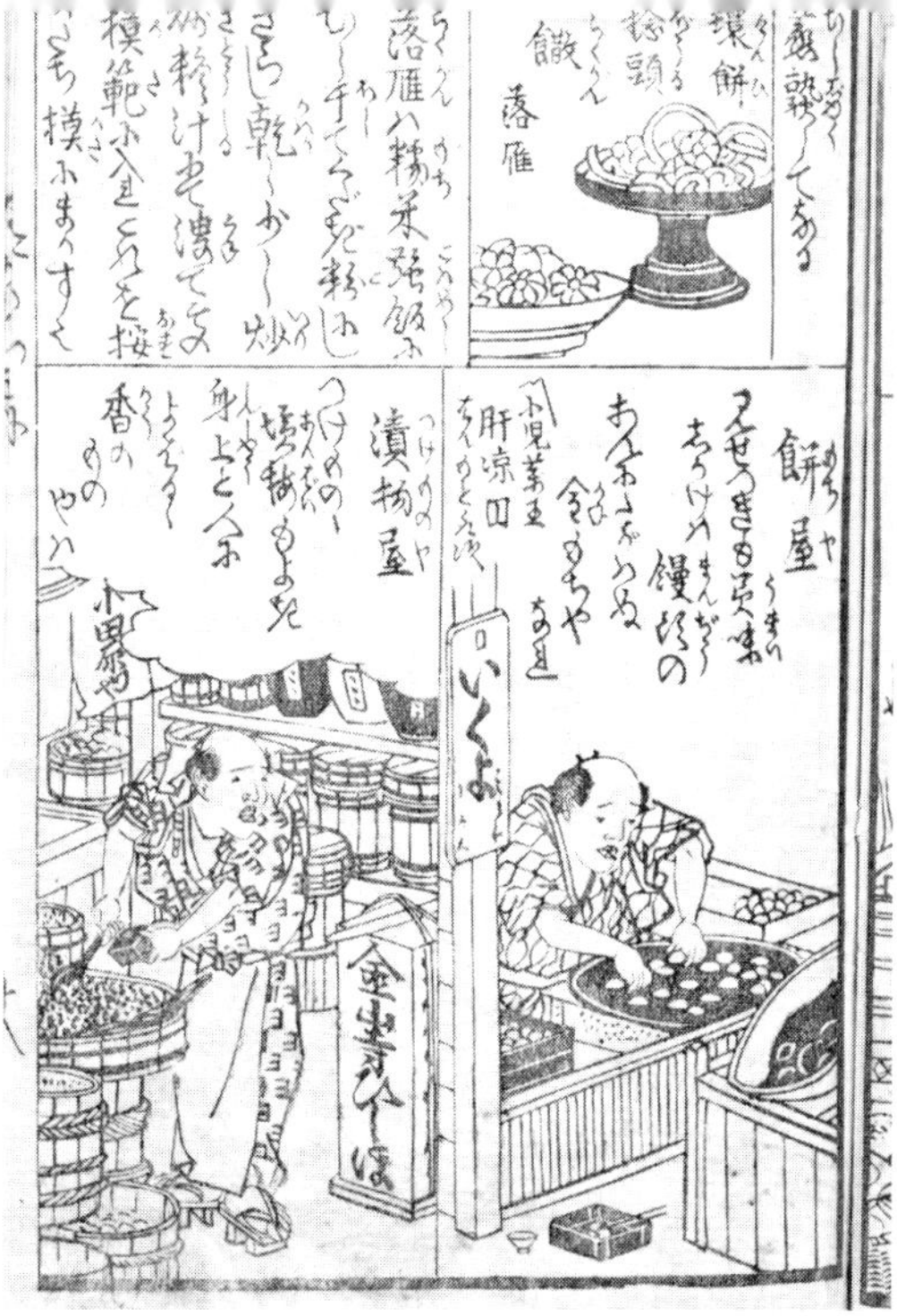

十辺舎一九の『宝船桂帆柱』に描かれた漬物屋。1827（文政10）年の刊行。（国立国会図書館所蔵）

漬物は塩分過多の原因？

世界に誇れるバリエーション豊富な日本の漬物ですが、近年、塩分が多い漬物は生活習慣病である高血圧発症の遠因にもなるとして敬遠される傾向にあります。

ところが、そんなマイナスイメージをつけられてしまった漬物の名誉を挽回するデータが発表されています。

財団法人塩事業センターが２０１０（平成22）年に行なった

漬物　TSUKEMONO

研究発表によると、国民ひとりの1日当たりの食塩摂取量のうち漬物による摂取はわずか5・7パーセントでした。それに比べて、パンや麺類からの摂取が7・5パーセント、魚介・水産加工品からの摂取が9・4パーセントもあり、「漬物は塩分過剰摂取の原因」とは、一概には言えないということがわかったのです。

むしろ漬物には健康にプラスに働く要素がいくつもあります。たとえば、生の野菜を大量に食するのは大変ですが、塩により水分が抜けると野菜のかさはグッと減ります。漬物にして食べれば、同量の生野菜の4倍の繊維質を摂取することができます。また、発酵食品である漬物は、善玉菌である乳酸菌を腸内に送り届けてくれる働きがあります。つまり、ヨーグルトや乳製品を摂取するのと同じような効果が期待できるのです。

さらに、野菜に含まれるビタミン類を摂取するにも漬物は最適です。なぜなら、ビタミン類は熱に弱く、加熱すると損失しますが、漬物は生のまま食します。それに加え、発酵菌がビタミンを蓄積するため、そのままの生野菜よりも多くのビタミンを含んでいます。

こうしたことから最近では、漬物は日本人が授かった知恵として見直されつつあるのです。

梅干

UMEBOSHI

世界からも注目を浴びる梅干に秘められたパワー

漢方薬から食品に変身

梅干はおにぎりの具やお茶漬け、おかゆ、雑炊《ぞうすい》のお供に欠かせない食品ですが、約1500年前に中国から伝わった時は、食用ではなく下痢や嘔吐、食欲不振の薬とされていました。当時は、梅干という形でもなく、青梅を燻製《くんせい》にするか、乾燥させて漢方薬として使われました。

その後いつ頃からかははっきりしませんが、梅を塩漬けにする梅干が考案され、戦国時代には兵糧のひとつとして作られました。そして江戸時代になると庶民にも普及して家庭でも作られるようになりました。

塩とシソで漬けるお馴染みのすっぱい梅干が一般的ですが、酒や蜂蜜に漬けるとまた違った味になります。日本で考案された梅干は多種多様に発展し、梅の原産国は中国ですが、現在では梅干は日本の特産品になっています。

「梅干を食べると元気になる」科学的根拠

薬として伝わってきたので当然とも言えますが、梅干として食べられるようになってからも、梅は体調を整えるために用いられてきました。平安時代中期、村上《むらかみ》天皇が体調を崩した際に梅入りのお茶を飲んで治したという記録もあります。現在でも風邪《かぜ》をひいたときや食欲がないときには梅干がよいと聞きます。

実際、梅干には多くの効用があることがわかっています。ひとつ目の効用は疲労回復効果です。これは梅干に含まれるクエン酸、りんご酢、コハク酸などの有機酸成分によるものです。

たとえば、クエン酸を摂取すると、疲労物質である乳酸の生成が抑制されることがわかっています。また、疲労物質である乳酸を分解する働きがあります。

２つ目は、胃腸の働きを活性化する効用です。前述の有機酸には、胃酸の分泌を促して胃粘膜を保護させたり、腸のぜん動運動を促して便通をよくさせたりする効果があると言われています。また、梅干を見ただけでつばが出るという人もいます

梅干の効果

①	疲労回復	クエン酸の働きにより、疲労物質である乳酸の産生を抑制する。
②	食欲増進	胃腸の働きを活性化して、食欲を増進させる。
③	胃潰瘍の防止	ピロリ菌の活動を抑制する。
④	腐敗防止・抗菌作用	クエン酸が細菌の増殖を防ぎ、塩分が抗菌作用を強化する。

が、梅干の酸っぱさは唾液の分泌を促進する作用があり、唾液が多く分泌されれば、それだけ消化を助けることになります。

３つ目は、胃の環境をよくする効果です。梅干に含まれるシリンガレシノールという抗酸化物質には、ピロリ菌の活動を抑制する働きがあります。

最後は誰もがよく知っている腐敗防止と抗菌効果です。梅干に含まれるクエン酸は細菌の増殖を抑える効果があるだけでなく、塩分が持つ抗菌作用を促進することがわかっています。昔からお弁当にはよく梅干が入れられるのも、その効果を期待してのことです。

このように、梅干は保存食としても健康増進食としても有益な食べ物であることを経験からわかっていたからこそ、日本人は梅干を食べ続けてきたのです。

果物

KUDAMONO

糖分の高い日本料理に合わせられたデザート

デザートにみる日本料理と西洋料理の違い

イタリアンやフレンチなど洋風のレストランではたいてい、料理の締めとしてケーキやアイスクリームといったデザートが出されます。では、日本料理店では料理の最後に羊羹《ようかん》やまんじゅうといった和菓子が出されるのかというとそうではなく、水菓子が出されることがほとんどです。

水菓子とはフルーツのことです。日本では木になる果実を「果」、草の果実を「菓」と言い、菓子は草木のフルーツの総称でした。

それが人の手で作られた和菓子とは区別されるようになり、天然の果物は「水菓子」と呼ばれるようになりました。

このように日本食の最後に出てくるのはあくまでもフルーツである水菓子です

が、それが会席料理の最後に出されるようになったのもごく最近のことです。つまり和食には、デザートという概念がなく、甘味《かんみ》は出されていませんでした。

日本料理にはなぜ長い間、デザートがつく習慣がなかったのでしょうか。その理由は日本料理を見ればわかります。

和食は煮付けやあら炊きなどのように砂糖やみりんが多用されており、和食と一緒に飲む日本酒も糖が高めです。しかも主食のお米も分解されると糖になります。このように和食には糖分がしっかり含まれているため、食後にデザートを必要としなかったのです。食後にデザートをつけるとしても、和菓子のような甘いものよりも口の中をさっぱりさせるフルーツが好まれました。

一方、西洋料理の味付けは塩と胡椒が中心で、ソースにもあまり砂糖を使うものはありません。しかも食事のお伴のワインはフルーツから作るお酒ではありますが、日本酒よりは糖分が低く、甘さよりも酸味を感じるお酒です。

そのため食事で糖分をとった実感がなく、食後に甘いものが欲しくなるため、デザートが締めとして提供されるようになりました。

つまり、単なる飾りのためにデザートを添えたわけではなく、料理の必然性からメニューに取り入れられたのです。

わさび

WASABI

寿司やお刺身に必ず添えられているのは食中毒防止のため

魚の臭みを消すだけではないわさびの効果

寿司や刺身に欠かせないわさびは、日本特有の薬味だと思われがちですが、わさびには西洋わさびと本わさびがあります。

西洋わさびはヨーロッパ原産の多年草植物で、紀元前からギリシャで使用され、1世紀頃にはローマ帝国で香辛料として用いられてきました。さらに、13世紀頃にはドイツでソースとして使われ、やがてイギリスに伝わりました。西洋料理では、ソースやローストビーフの付け合わせとして使われます。

一方、本わさびは日本原産の多年草植物で、こちらは日本特有の使い方が発達しました。本わさびは、飛鳥時代の飛鳥京苑池《えんち》遺構（奈良県明日香村）から出土した木簡にその名が見えることから、飛鳥時代からすでにその存在が知られていたようです。また、平安時代に著《あらわ》された日本最古の薬草辞典『本草和名《ほんぞうわみょう》』には「山葵」の記載があり、この頃からすでに薬草として用いられていました。

自生していたわさびが栽培されるようになったのは江戸時代初期のことで、現在の静岡市で始められました。わさびを献上された徳川家康は、その風味をとても気に入り、門外不出にしていたと言われています。わさびが現在のように寿司に使われるようになったのは文化・文政年間（1804〜1830）頃です。わさびは江戸でブームとなった握り寿司と共に、一気に庶民に広がりました。

食べるとツーンとくるほど辛いわさびが、寿司に添える薬味として浸透したのには理由があります。もちろん、魚の臭みを消しておいしさを引き出してくれるという効果もありますが、じつはもうひとつ大きな理由があるのです。それは、わさびには抗菌効果があるからです。

江戸時代には現代のように冷蔵庫は存在せず、衛生面に少なからず不安がありました。そんな環境のなかで、江戸時代の人はわさびの効果を経験から学び、食中毒防止のために活用していたのです。

魚の臭みを消して食中毒の予防もしてくれるわさびは、寿司や刺身といった生魚を食す日本人にとっては、欠かせない薬味だったのです。

ごぼう

GOBO

腸内でビタミンを生産する日本人だけが愛好してきた食材

ごぼうを食材にしているのは日本だけ！

きんぴらをはじめ、牛肉とごぼうのしぐれ煮やごぼうサラダなど、ごぼうを使った料理は数多くあります。特に関西では、たたきごぼうはお節料理に欠かせない一品です。

ところが、世界中を見渡してみると、ごぼうを食材として使っているのは日本をおいてあまり見られません。

ごぼうの原産地はヨーロッパとされています。そこから中国に伝えられ、宋《そう》の時代の中国ではごぼうは食用とされていました。しかし、その後は漢方薬としてのみ使われるようになりました。

日本に伝わったのは縄文時代で、すでに食用にされています。

ごぼうはほとんど消化されないため、栄養価が極めて低い食材と考えられてきました。そのため日本以外の国では、食材としては食べるに値しない根菜という評価を下されてしまったのです。それなのになぜか、日本ではごぼうを茹でて塩や味噌をつけたりして食べるようになりました。江戸時代には、芯にくらべると軟らかい皮をむいてそれを食べるという調理法が生まれました。

世界では食材に適さないとされたごぼうを使った料理が日本では次々と生まれた理由は、日本人だけがその有用性をよく知っていたからかもしれません。じつはごぼうには意外な効用があることがわかっています。

ごぼう自体にはビタミンはごくわずかしか含まれていないのですが、じつは腸内でビタミン生成に貢献していることがわかったのです。ごぼうは腸内に入ると、腸内細菌を活性化させ、ビタミンを生成させます。つまり、ごぼうの繊維には、増ビタミン剤の働きがあったのです。また、ごぼうの繊維には、胆汁酸《たんじゅうさん》を多くして、コレステロールが多くなるのを防ぐ効果があると言われています。

これらの効果は繊維質の野菜には当てはまることですが、ごぼうに含まれる食物繊維の量はほかとは群を抜いています。それまで薬として用いられてきたごぼうを、工夫を重ねて食材にしてしまうあたり、日本の食文化の奥深さを感じさせます。

枝豆

EDAMAME

なるべくしてなった つまみの定番食材

ビアホールを救った枝豆

日本でビールのお供といえば、やはり枝豆でしょうか。手軽に食べられて、ほのかな甘味がビールの苦味によく合います。鮮やかな緑色もビールの色と相性がよく、定番のおつまみとして夏の風物詩にもなっています。

じつは、この組み合わせはとても合理的です。枝豆には、アルコールの分解を促進するメチオニン、アルコールに含まれる糖分を分解するビタミンB_1、肝機能を回復させるオルチニンなどが含まれており、二日酔い防止や疲労回復の効果がありま す。ビタミンAやビタミンC、タンパク質や食物繊維も含まれ、夏バテ防止にも役立ちます。

枝豆は、ビールが日本に普及する一助ともなりました。明治時代の中頃、各地にビアホールが誕生したのですが、ビールに合うおつまみがないことが店側の悩みでした。それまで佃煮《つくだに》や干物、生ウニといった和食や珍味を出していましたが、客の反応はあまりよくありませんでした。そこで、それならばと枝豆を出してみたところ、食感もよく、値段が安いうえに箸を使わなくても食べられると評判になりました。

しかも、枝豆が出回る初夏から秋口にかけては、ちょうどビールがおいしい季節で、ビアホールの書き入れ時と重なります。

こうしてビアホールの定番となったおつまみだった枝豆は、やがて家庭でもビールのおつまみとして確固たる地位を占めるようになりました。

青いまま収穫された大豆が「枝豆」と呼ばれる理由

枝豆は、大豆の未成熟な状態です。熟する前に食べられるようになったきっかけは、一説に飢饉《ききん》の影響があったとされています。天平時代、度重なる飢饉に見舞われて餓えに苦しんだ人々が、大豆が熟するのを待ちきれず青いままの豆を口にしたというのです。

枝豆は栽培しやすく、その昔は田の畔《あぜ》に植えられていたことから、最初は「あぜ豆」と呼ばれていました。あぜ豆が枝豆と呼ばれるようになったのは、江戸の枝豆売りが、枝豆を刈り取り枝つきのまま担いで売り歩いたことからです。「枝付き豆」が省略されて「枝豆」となったわけです。

ではなぜ枝つきで売られていたかというと、豆のさやを枝から外すと急速に鮮度と糖分を失い、味が落ちてしまうからです。

そのため、現在でも八百屋やスーパーでは枝つきの枝豆が売られていることがあります。

ただ、日持ちがしないという枝豆の弱点は、現在では冷凍技術の進歩によって克服されています。さやから外した枝豆を素早く塩茹でして冷凍すれば、風味を損なわず、保存も輸送もできるのです。

消費者は、それを冷凍庫から出して解凍するだけで、片手でつまんでおいしく食べることができます。この手軽さから、最近では海外でも注目を浴びる食べ物のひとつになっています。

コーヒー

KOHI

幕末の武士たちが薬として飲んでいたティーバッグコーヒー

嗜好品としては受け入れられなかったコーヒー

コーヒーは世界中でもっとも広く飲まれている嗜好品《しこう》のひとつで、日本でも広く飲まれています。その普及ぶりは、今やアメリカ、ブラジルなどに続いて世界4位のコーヒー消費国にランクインしていることからも明らかです。

コーヒーが日本に伝えられたのは江戸時代のことで、長崎出島に出入りしていたオランダ人によって持ち込まれました。1800（寛政12）年に書かれた『長崎聞見録』には、初めてコーヒーという文字が登場しています。

しかし、現在とは違って当時の日本人にはコーヒーは口に合わなかったらしく、実際に飲んでいたのはオランダ人と交流があった通訳や遊女など、わずかな人に過ぎませんでした。

そんな状況でしたが、どうやら長崎出島《でじま》の人以外にもコーヒーを飲んでいた人たちがいたようです。1855（安政2）年、北方警備のために蝦夷地（現・北海道）に向かった弘前《ひろさき》藩士たちには、脚気《かっけ》やむくみの予防薬としてコーヒーが配給されていました。

また、1857（安政4）年には箱館《はこだて》奉行所でも脚気予防の薬として幕臣たちにコーヒー豆が配られています。

つまり、コーヒーは嗜好品としてではなく、当時は薬として用いられていたのです。薬としてコーヒーが配られる際には、飲み方も細かく指示されていました。蝦夷地の幕臣たちに配られた『蝦夷地御用留《えぞちごようとめ》』には、「豆を黒くなるまで炒り、細かくなるまですりつぶし、麻袋に入れてお湯に浸して色が出たら取り出す」と、紅茶を飲むときのようなコーヒーの淹《い》れ方が記されています。

薬になると信じていた幕臣たちは、指示通りにコーヒーを飲んでいたのですが、実際にはコーヒーには脚気やむくみの予防効果はありません。それどころか、コーヒーに含まれているクロロゲン酸はビタミンB1の吸収を妨げるので、脚気には逆効果だった可能性があります。

コーヒーが薬として飲まれたきっかけ

ではなぜ、コーヒーは薬として用いられたのか。1823(文政6)年に医者として出島に来日したシーボルトが著した『江戸参府紀行』にそのヒントがあります。シーボルトはこの本のなかで、日本人にコーヒーを飲ませて売り込むには「長寿に効く」と宣伝するのが最も効果的だと指摘しているのです。嗜好品として受け入れられなかったコーヒーを売るために、薬だと宣伝したのです。

こうして薬として飲まれていたコーヒーが、嗜好品として親しまれるようになったのは明治以降のことです。1888(明治21)年4月、上野西黒門町《うえののにしくろもんちょう》に日本初のコーヒー店「可否茶館《カフヒさかん》」が開店しました。その後、明治末期になると都市部を中心にコーヒー店の開店が相次ぎ、なかでも銀座に本店を置いた「カフェーパウリスタ」は人気を博して、一気にコーヒーは広がったのです。

「カフェーパウリスタ」は関東大震災の影響などでその後閉店しましたが、戦争を機に社名を日東珈琲と改称し、1970(昭和45)年に銀座8丁目に再開した喫茶店が今も営業しています。創業当時の味を再現した「パウリスタオールド」があり、当時と同じコーヒーの味を楽しむことができます。

懐石料理

KAISEKIRYORI

修業僧たちの空腹から生まれた、山の幸の栄養が詰まったバランス料理

本来はお茶を楽しむための質素な料理

懐石《かいせき》料理とは、和の精神に満ちたコース料理で、料理が順次運ばれてくる高級料亭の料理というイメージがあります。

ところが、じつを言うと懐石料理は華やかさとはまったく対極にある料理。本来の懐石料理は、茶会の席や茶事でお茶を楽しむために小腹を満たす軽食として発展した簡素な料理なのです。しかもその起源は、仏教の修行僧たちの空腹の知恵から生まれたものです。

鎌倉時代、禅寺の修業僧たちは朝と昼の2回しか食事をとることができず、いつも空腹を堪《こら》え、修業に集中することができませんでした。困った彼らは、懐のお腹のあたりに温めた石をしのばせて、空腹と夜の寒さを紛らわせるようになりました。

さらに、お茶を飲んで空腹を満たすようになります。しかしお茶ばかり飲んでいては、お茶の成分のタンニンの影響で胃が荒れてしまうため、いつしか質素な食べ物も取り入れるようになりました。

これがルーツとなって日本料理のひとつの形式にまで発展して「会席料理」と呼ばれるようになり、懐に石を入れていたことから後に「懐石料理」と漢字を変えて記されるようになりました。現在では、飯、汁、向付《むこうづけ》、煮物、焼き物の一汁三菜を基本に、強肴《しいざかな》や八寸《はっすん》、香の物などが出されることもあります。

これらの懐石料理は、殺生を禁じた仏教から生まれたことと、修業の寺が多かった京都の盆地で発展したため、ふきのとうやわらびなど、山の幸の素材が豊富なことが特徴です。それに加えて、栄養面のバランスがとれた優れたものになっていきました。

懐石料理は現代の栄養学の視点から見ても、よく考え抜かれた料理だと言えます。たとえばふきのとうには鉄分やビタミンCが豊富に含まれ、消化を促します。わらびやぜんまいにはミネラルや鉄分が豊富に含まれています。

手に入る素材から必要な栄養素を効率的に取り込もうと修行僧たちが考えた結果、このような洗練された料理が作り上げられたというわけです。

鰻

UNAGI

スタミナをつけるために食べる土用丑の日の定番

平賀源内のキャッチコピーから始まった

土用《どよう》の丑《うし》の日には街に鰻のタレの香ばしい香りが漂い、日本全国で鰻が食べられます。鰻屋さんには行列ができてその様子がニュース番組で取り上げられ、スーパーやコンビニでも鰻を大々的に売り出します。

暦《こよみ》の「土用」は、立春、立夏、立秋、立冬の前の年4回18日間を指しますが、今では立秋の前の土用の丑の日に鰻を食べる習慣が普及したため、「土用」と言えばもっぱら夏の土用を指しています。夏の土用は、7月末から8月初頭にかけての猛暑の時期です。素麺《そうめん》のようにあっさりした食べ物が好まれる頃なのに、なぜ脂っぽくてこってりした鰻が食べられるようになったのでしょうか。この習慣を誕生させた仕掛け人は、江戸時代の戯作者で博物学者でもあった平賀源内《ひらがげんない》という説が有力。

あるとき源内は、鰻屋の主人から相談を受けました。夏になると客足が遠のいてしまい、困っているというのです。なるほど、暑い盛りには食欲が落ちがちです。わざわざ鰻を食べに行こうという気にはならないのも無理はありません。

そこで源内が考えついたのが、「土用の丑の日に鰻を食べると精がつく」という宣伝文句でした。もともと鰻には滋養があることが知られていましたし、丑の日には「丑」にちなんで梅干や瓜など「う」のつくものを食べる習慣もありました。そこで源内は、夏こそ「う」のつく鰻を食べて精をつけようとアピールしたのです。

これが大当たりして、人々は土用の丑の日にこぞって鰻を食べるようになりました。この習慣が現在まで続き、土用の丑の日は「鰻を食べる日」となったわけです。

では鰻を食べると本当にスタミナがつくのかというと、その効果は栄養学によって証明されています。

鰻には、ビタミンA、ビタミンB1、タンパク質などが豊富に含まれています。ビタミンAは身体の抵抗力を高め、ビタミンB1は食欲を増進させ、糖質をエネルギーに変える働きをし、B2は疲労回復に役立ちます。そしてタンパク質は、身体を構成する重要な要素です。このように、鰻には弱った体を回復させる働きがあるのですから、源内のキャッチコピーは、あながち間違いではなかったのです。

焼酎

SHOCHU

原材料の鮮やかな芳香が立つことから、「飲む香水」と称えられる乙類焼酎

各地域自慢のさまざまな焼酎

日本で作られるお酒と言えば、日本酒に並んで焼酎が挙げられるでしょう。日本酒はワインと同じ醸造酒で、焼酎はウイスキーやブランデーと同じ蒸留酒です。

焼酎は蒸留方法の違いで甲類と乙類の2種類に分けられます。甲類は、原料を連続的に投入する連続蒸留で作られたもので、ウォッカに似ていると言われます。生産性が高く、素材の風味はあまり残らないのが特徴です。

一方、乙類は蒸留を数回に分けてその度に原料を投入する単式蒸留で作られたもので、こちらはモルトウイスキーに似ています。生産効率はあまりよくないため、甲類よりも価格が高くなる傾向があります。しかし、素材の風味が強く残るという特色から「飲む香水」とも呼ばれ、需要は高く、さまざまな素材を用いた焼酎が作

られてきました。

では、素材によってどのような風味の違いがあるのでしょうか。

たとえば、焼酎の原料というとすぐに思い浮かぶのはさつま芋です。焼酎の製造技術は、タイから東南アジア、東南アジアから中国、中国から琉球王国（沖縄）へ伝わり、鹿児島では18世紀半頃から作られていたとされています。いも焼酎は宮崎県や東京都の伊豆諸島でも作られ、甘いまろやかな香りがあるのが特徴です。

また、米を原料とした米焼酎は熊本県の球磨《くま》地方が有名ですが、全国各地で作られています。江戸時代中期から作られたと考えられており、まるで炊きたてのご飯のような香りがします。同じ米を原料としていても、15世紀頃から沖縄県で作られている泡盛《あわもり》にはまた違った特徴があり、米というよりはバナナやリンゴのような果実の香りがします。

ビールと同じ麦を原料とした焼酎もあります。大麦は年貢として納めなくてもよかったため、江戸時代後半、余った大麦を自家用のお酒にしたのが始まりです。長崎県の壱岐《いき》が発祥の地とされています。麦特有のさわやかな香りが特徴です。

同じ原料でも作られた土地によっても風味は変わってきます。多様な香りを楽しめる焼酎が、「飲む香水」と言われる所以です。

おとそ

OTOSO

健康増進の効果を持つお正月に欠かせないお酒

おとその始まりは薬酒から

アメリカの年末年始の休日は2日間だけで、正月三が日をゆっくり家で過ごす風習はありませんが、代わりに友人たちと集まってシャンパンを飲んで新年をお祝いする習慣があります。

日本では、新年になると「おとそ」と呼ばれるお酒を飲みます。

とはいえ、おとそはアメリカのシャンパンと異なり、新年を祝うための華やかな祝い酒ではありません。おとそは中国から伝えられ、日本でも平安時代にはすでに行なわれていた、しきたりのひとつです。

おとそはただの清酒ではなく、「屠蘇散《とそさん》」と書くことからもわかるように、薬酒なのです。

この薬酒をお正月にいただく理由は、正月に体から邪気を払い精気を得て、1年の魔除けと無病息災を祈るためです。

おとそを飲むしきたりは、9世紀頃に中国から日本に伝来しました。そのとき伝えられた処方は、山椒《さんしょう》、桔梗《ききょう》、蜜柑《みかん》の皮、肉桂皮《にくけいひ》などの漢方薬を調合したもの。健胃、発汗、鎮痛などに効能がある滋養強壮剤とされています。

正式には大みそかの晩に、屠蘇散を屠蘇袋と呼ばれる袋に入れ、井戸の内側にかけておきます。それを元日に取り出して酒やみりんに浸して飲むのです。

現代では「屠蘇延命散《とそえんめいさん》」と名付けられたティーバッグが売られており、みりんや酒などに浸して1~2時間待つだけで、気軽に飲むこともできます。

おとそは、年始客に振る舞われた後は井戸に捨てられました。それもやはり薬酒としての効能を活用し、井戸の消毒を行なう効果を期待したからです。

おとそに込められた願い

おとそは、慣例として年長の者から年少の者へと順次いただきますが、これは天子が飲み口をつけた盃で臣下が酒を飲むことで、加護やエネルギーもいただくという考え方が根本にあったためと考えられます。

ただし、いくら縁起がよく、体によいとは言っても、お酒を子どもに飲ませるわけにはいきません。

そこで京都では、代わりに「大福茶《おおぶくちゃ》」を飲む習慣が生まれました。平安時代に浄土教の僧、空也《くうや》上人《しょうにん》が観音様に差し上げたお茶を病人に施したところ、当時流行していた病が治まったことから始まったとされています。

このように、日本では新年の初めに、何より1年の健康を祈ってきました。お正月におとそを飲む習慣が根付いたのは、薬酒としての実用性に期待し、無病息災を祈る思いを込めたからです。

PART 4

第4章

日本料理を生んだ「ルーツ」を探る

現在わたしたちが食べている
多様な料理は何を起源に持ち、
どのようにして今の姿になったのか。
数々の料理の多様な「ルーツ」を探る。

会席料理

KAISEKIRYORI

江戸時代に分かれた2つの「かいせきりょうり」

庶民のために誕生したカジュアルスタイル

冠婚葬祭などの場ではよく、「会席料理」と呼ばれる料理が出されます。日本料理にはこれとまったく同じ音で「懐石料理」というのもありますし、ほかに「本膳《ほんぜん》料理」と呼ばれるものもあります。どれも同じような和食のコースのような印象ですが、どのような違いがあるのでしょう。

会席料理は、本膳料理や懐石料理の作法を略した形式の料理を指します。

会席料理が誕生したのは、江戸時代中期のこと。庶民の間に流行した俳諧《はいかい》の席で出された料理が起源とも言われます。江戸時代は武家社会でしたが、中期になると町民の活躍が目覚ましくなり、江戸には町民が通う高級料理店や茶屋が増えてきました。こうした高級料理店では本膳料理や懐石料理を出していましたが、これらの

主な会席料理の流れ

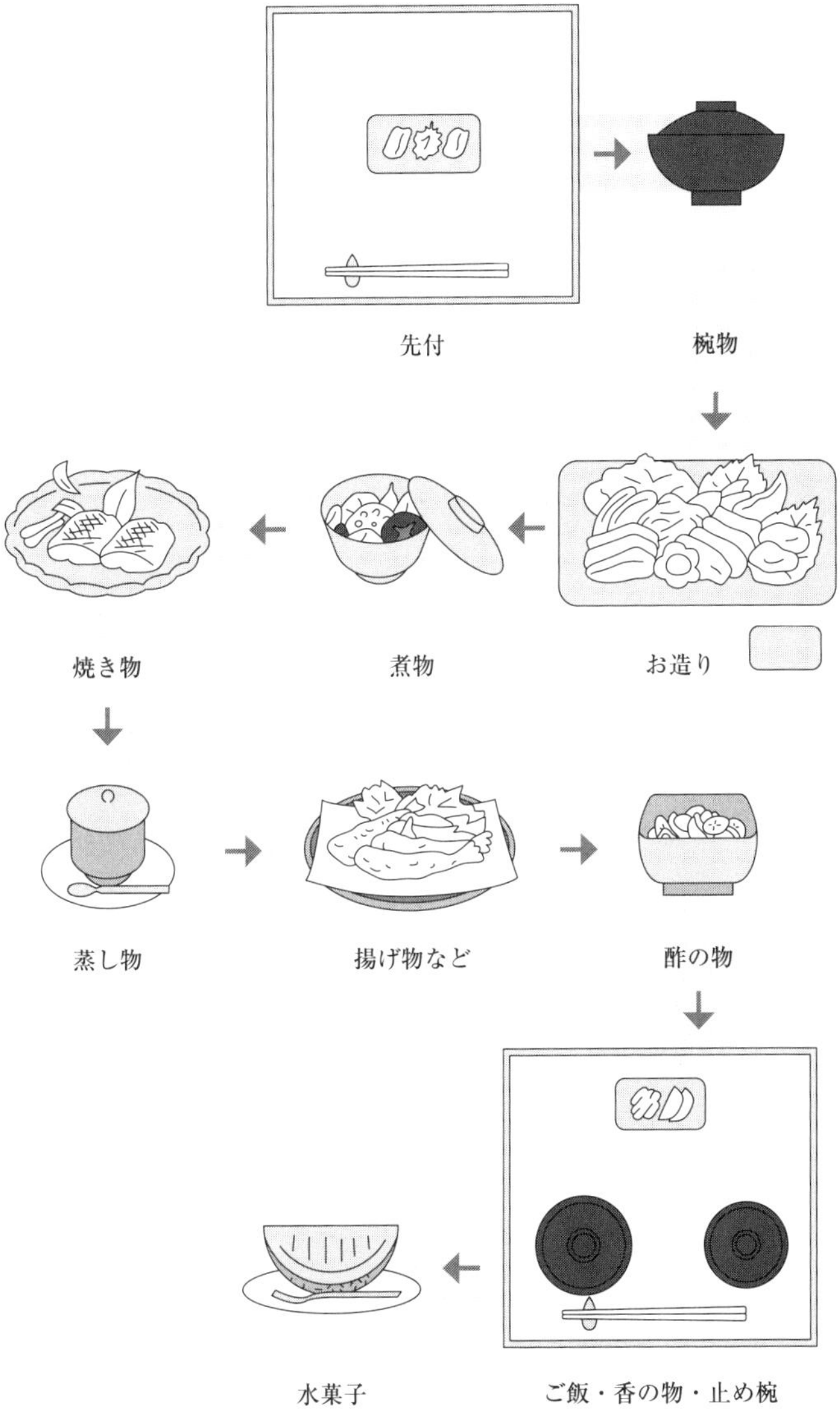

会席料理　KAISEKIRYORI

料理は、庶民にはあまり好まれませんでした。

本膳料理とは、本膳や二の膳、三の膳などすべての料理が同時に並べられたもの。懐石料理は、茶席で前に一品ずつ提供される軽い食事のことです。これらには、厳格な膳組みや食事作法があり、堅苦しく時間もかかったため、庶民がくつろいで食事をするには向かなかったのです。そこで、くつろぎながら食事ができるカジュアルなスタイルが生み出されました。それが会席料理です。

じつはそれ以前は、現在で言う懐石料理が会席料理とされていました。しかし、新たに誕生した酒宴で出される料理も同じ名前で呼ばれ、ややこしくなったため、茶席で出されるほうは「修行僧が温めた石を懐にしのばせて空腹を紛らわせた」という逸話から、「懐石」という漢字が当てられるようになりました。

新たに生まれた会席料理は、形式は決められていません。そのため、本膳料理のように料理のほとんどを同時に並べる形式や、懐石料理のように料理を一品ずつ出される形式、冷めてもよいものだけ先に並べておいて、温かく食べたいものだけを後から出す形式など、さまざまな形があります。

江戸時代から続く伝統的な料理ではありつつも、自由に変化させられるため、現代の宴会で出される料理は会席料理が主流となっています。

幕の内弁当

MAKUNOUCHIBENTO

海外でも人気の彩り豊かな弁当を生んだ日本人の「摂取不捨」の国民性

日本が世界に誇る弁当文化

赤黄緑と彩りのよいおかずが詰められた弁当は、日本人にはなじみあるものですが、海外ではこれほど凝った弁当はなかなかありません。

近年、日本の弁当はその見目のよさやおいしさから、日本文化に対する関心が高かったフランスで注目を浴び、今では「ＢＥＮＴＯ」として世界に通じるまでになっています。

日本の弁当には多くの種類がありますが、もっともポピュラーなのが幕の内弁当でしょう。

白いご飯と多くのおかずが一緒に詰められており、駅弁でもおなじみなのはもちろん、有名料理店の仕出しから、町のお弁当屋さん、コンビニまで、幕の内弁当は定番のひとつとなっています。

すべてに価値を見いだす仏教の教え

「幕の内」という名は、もともと歌舞伎の役者や裏方が、芝居の幕の小休止である「幕の内」の間に食べたことから名付けられたものです。短い時間で手軽に食べられることから、芝居見物に来た人たちも食すようになり、次第に世間に広がりました。

芝居の合間に口にする幕の内弁当は、いわば間に合わせの食事です。特別に高価な食材が入っているわけでもありません。それでも粗末な感じはなく、むしろご馳走という雰囲気が漂うのには理由があります。

日本人は、ふだんから食べているせいか気がつきにくいのですが、幕の内弁当のおかずには、主役がいません。

食材は海の幸も山の幸もあって、調理法も焼きもの、煮もの、揚げものとさまざまです。味も甘いものやしょっぱいもの、辛いものと多彩です。品数が多く手間もかかっているため、豪華に見えるのです。

また、好き嫌いのある人でも、おかずの種類の多い幕の内弁当なら、何か食べられるものを見つけることができます。それも定番たる所以かもしれません。

日本でこういった弁当が生まれたのは、「摂取不捨《せっしゅふしゃ》」という仏教の教えが反映されたからではないかと考えられています。

「摂取不捨」とは、仏の慈悲によってすべてを救い、決して見捨てずにそれぞれの価値を見いだすという考えです。ひとつの料理がいいからといってほかの料理を軽視するのではなく、すべて詰め込もうというわけです。

さまざまな食材を、それに合った方法で調理し、四角いお弁当箱の中にバランスよく配す。まるで、日本庭園の、庭の造作のなかに、大自然の森羅万象が取り込まれているかのようです。あらゆる食材を箱という枠組みのなかに秩序正しく納め、一体のものとして楽しむのが、幕の内弁当なのです。

佃煮

TSUKUDANI

大坂から江戸へとやって来た漁民たちが発明した保存食

魚の保存を可能にした佃煮

加工や輸送技術が発達した現代では、日本のどこにいても新鮮な魚を食べることができます。しかし交通網が発達していなかった昔は、内陸地に住む庶民が新鮮な魚を口にすることは困難でした。こうした環境で発展したのが佃煮です。佃煮と言えば江戸の佃島《つくだじま》の漁民たちによって作られ、「江戸の名物」として知られています。

ところが、じつは佃煮は江戸生まれではありません。摂津国（大阪府の北西部と兵庫県の南東部）の佃村《つくだむら》の漁師らによって生み出されたものです。彼らは江戸前期にはすでに優れた漁の技術に加えて、捕った魚を塩で煮つけて佃煮として保存する技術も備えていました。

ではなぜ、佃煮は摂津国ではなく江戸の名物になったのでしょうか。

それは、江戸に幕府を開いた徳川家康が漁業振興のために、佃村の名主の孫右衛《まごえ》門《もん》ら数十名を江戸に呼び寄せたからです。隅田川の河口に位置する彼らの移り住んだ島は、出身の村の名をつけられ、佃島となりました。彼らによって佃煮は江戸に持ち込まれたのです。

彼らは、捕った魚を将軍家に献上する役割を担うようになりました。その傍ら魚の保存技術を生かし、不漁に備えて自家用にとっておいた小魚を傷みにくいように塩で煮しめて保存食にしたのです。最初は塩だけの煮つけでしたが、やがて醤油、みりん、ざらめなども加えて照りを出すようになりました。具材もアサリ、ハゼ、白魚、小エビなど幅広く使われるようになりました。

そしてある日、魚を天秤棒でかついで売買していた青柳才助という人が、漁師たちが作る佃煮を見て「保存の効く佃煮は、地方への土産として売れるのではないか」と考えつきます。彼が売り出した佃煮を地方から出てきた人や参勤交代の大名たちが地元に持ち帰ったため、佃煮は江戸の名物として全国に広まることになりました。

やがて小魚や貝類だけでなく、海苔も佃煮にされ人気となっていきます。これに併せて生の海苔も保存できないかと、天日で乾燥させた板海苔が誕生。これは「浅草海苔」として人気を博しました。

蕎麦

SOBA

やむにやまれぬ事情から食されていた庶民の麺

冷害に強く栄養価の高い庶民の味方

現在の「粋」なイメージからは想像がつかないかもしれませんが、蕎麦はもともと、貧しい農民たちの日常食でした。

昔の農民たちが栽培していた米はそのほとんどが年貢に取られるうえ、冷害などが起こるとたちまち凶作になったため、農民たちにはめったに口にすることができない高級品でした。

そこで、天候の変化に強く、安定して収穫できる食物の栽培をと考え、広まったのが蕎麦だったのです。蕎麦は冷害に強く、土地がやせていても栽培ができるため、毎年安定した収穫を見込めました。しかも、蕎麦は栄養価が高く、日常食に適していたのです。

蕎麦栽培の歴史を見てみると、縄文時代の地層から蕎麦の実が出土しており、栽培自体はかなり早くから始まっていたことがわかります。8世紀には朝廷が蕎麦栽培を奨励しており、安定的に収穫できたようです。

ただし、今のように麺にして食べていたわけではありません。蕎麦は蕎麦粉だけでは湯の中で切れてバラバラになりやすく、つなぎを入れる知識がなかった頃は麺にすることが難しかったからです。

そのため、蕎麦粉を熱湯で練って、団子状にして汁の中に入れた「そばがき」のような食べ方が主流でした。平安時代には蕎麦の団子を入れてすいとんにしたり、火であぶって焼き餅にしたりして食べていました。

安達吟光画『大江戸芝居年中行事　風聞きゝ』より。江戸三座のひとつ「市村座」の前に出ていた蕎麦屋の屋台を描いたもの。（国立国会図書館所蔵）

手軽に食べられる麺の登場

麺の蕎麦が登場するのは、江戸時代前期のこと。この頃にようやく朝鮮半島から蕎麦につなぎを使う知恵が伝わります。

やがて現在の長野県塩尻市の本山宿もしくは山梨県の大和村で、蕎麦を延ばして切る製法が編み出されました。それが江戸にも伝えられ、17世紀には、蕎麦粉8割に対してつなぎを2割混ぜる「二八蕎麦」が定着します。この蕎麦が粋を愛する江戸っ子に好んで食べられるようになったことから、蕎麦は粋な食べ物として広まったのです。

蕎麦は高級品だった米の代わりに農民たちの日常食として広まり、やがて団子から麺へと発達しました。このように、やむにやまれぬ事情から思わぬ食文化が誕生した例は海外にもあります。

たとえば、昔の西洋では主食と副食の区別が明確ではありませんでした。パンの原料となる小麦粉が育ちにくく、食事のメインとするほど多くのパンを食べることはできなかったからです。そして、それを補うために肉や乳製品が多く食されるようになりました。そのため欧米では肉料理や乳製品を使った料理が発達したのです。

鰻丼

UNADON

丼物の元祖を生んだ鰻好きのアイデア

丼物の起源とは？

親子丼、カツ丼、天丼、牛丼など、日本には数多くの種類の丼物があります。近年ではハワイ料理のロコモコも丼物に数えられ、中華料理の麻婆豆腐を載せた麻婆丼も登場するなど、丼物のレパートリーはさらに幅広くなり、今後も増えていくことでしょう。これほど多様に発展している丼物は、はたしていつ頃から日本に存在していたのでしょうか。

文献を調べてみると、丼という名は17世紀末頃から見えますが、まだ料理を入れる器としての名称に過ぎません。丼が単なる器を表す言葉から料理の名前として使われるようになったきっかけは、鰻丼の登場でした。

鰻は、『万葉集』にもその名が登場するほど日本人にはなじみが深い食べもので、室町時代には既に食されていました。しかし、当時は長いまま丸焼きにしてぶつ切りにしたものに、醤油と酒を合わせたタレやサンショウ味噌を付けて食べるだけで、さほどおいしくはなかったようです。

丼物のルーツは江戸っ子が生み出した

それが江戸時代に入ると、鰻を割いて骨や内臓が取り除かれ、タレにみりんや砂糖も加えられるようになり、現在の蒲焼きに近い料理が誕生しました。食べやすく味もよくなったため、鰻の人気は一気に高まりました。

そうした流れのなか、文化年間（１８０４～１８１８年に現在の日本橋人形町で芝居小屋を営んでいた大久保《おおくぼ》今助《いますけ》という人物が生み出したのが鰻丼でした。

彼は鰻が大好きで、近くの鰻屋からしばしば鰻を取り寄せて食べていたのですが、自分の元に届いた時にはいつも鰻が冷め始めてしまっているのを残念に思っていました。鰻屋もなんとか冷めないように竹の皮に温めたヌカを入れてその上に鰻を置いて運ぶといった工夫をしていたのですが、効果はいまひとつ。そこで今助が思いついたのが、丼に入った温かいご飯に鰻を挟めば冷めないのでは、というアイデア

丼物発祥地

多忙な江戸社会で、数多くの丼物が生まれた。ただし、起源については諸説あり、はっきりしないものが多く、いくつかの老舗が発祥として名乗りを上げている。

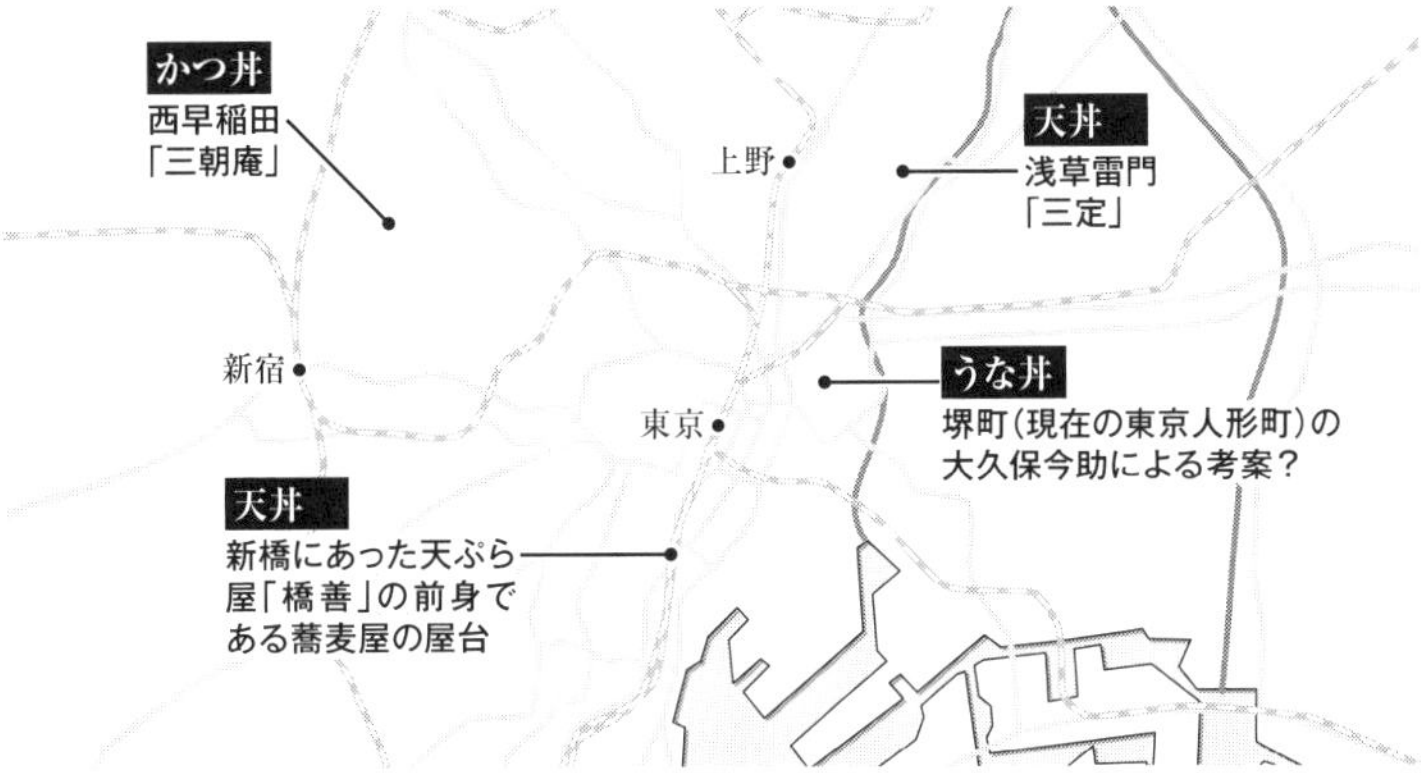

でした。

さっそく今助が鰻屋にそのように頼んでみると、思ったとおり鰻は冷めず、しかもタレがご飯に染み込んで、たまらないおいしさだったのです。この鰻丼はたちまち江戸で大人気となりました。

ご飯とおかずを一緒にかきこむことのできる丼物は、短気でせっかちで早食いの江戸っ子に好まれました。そのうえ、当時の江戸では外食が盛んだったため、器ひとつで出せる丼物を扱う屋台が増えていき、メニューも多様化していったのです。

こうして、親子丼やカツ丼、天丼、牛丼といった日本特有のメニューが誕生していくことになりました。

鉄火巻

TEKKAMAKI

博打好きのために考案されたお手軽フード

マグロの巻寿司を鉄火巻と呼ぶ理由

巻寿司には、かんぴょうを入れたかんぴょう巻や、納豆を入れた納豆巻、ネギトロを入れたネギトロ巻などがあります。それらはどれも素材が巻寿司の名前になっているのですが、なぜかマグロの赤身を入れた巻寿司は、マグロ巻とは言いません。マグロが入った巻寿司は「鉄火巻《てっか》」と呼ばれます。

「鉄火」とは、文字通り真っ赤に熱した鉄を指す言葉なのですが、ほかにも乱暴者、激しい気性といった意味があります。ここから、花札の博打で熱くなる人々が集まる博打場を「鉄火場」と呼ぶようになりました。鉄火巻の「鉄火」は、この博打にルーツがあったのです。

巻寿司と博打には何も関係ないように思えますが、鉄火巻は博打打ちの熱中ぶりがきっかけとなって誕生しました。博打に夢中になっている人は、ついつい食事をするのも後回しにしてしまいがちですが、だからと言って、「じゃあ、ここで中断してちょっと食事を」という気持ちにもならないようで、博打をしながら食事をしたのです。

このとき、よく食べられたのが片手でつまめる寿司でした。しかし、普通の握り寿司だと、手がベタベタしてしまい花札をうまくさばけません。

そこで、ある寿司屋が「海苔巻きにすれば手が汚れないし、食べやすいのでは」と考え、マグロを海苔に巻いて博打打ちたちの前に出したのです。すると、食べやすいということで人気になり、博打場（鉄火場）の定番メニューとなりました。そこから、マグロ入りの巻寿司が鉄火巻と名付けられたと言われています。

西洋にも同じような経緯から誕生した料理があります。サンドイッチは、賭けごとが大好きだったイギリスのサンドイッチ伯爵が、賭けごとを中断せずに食べられるようにと考案して誕生した軽食だというのは有名な話です。形も味も異なりますが、日本の鉄火巻も西洋のサンドイッチも、賭けごとのために考案されたファストフードだということに違いはありません。

賭けごと好きの人は、東西を問わず、同じようなことを考えるようです。

餅（其ノ二）

MOCHI

災害や飢饉へ備えるための保存食が始まり

神様への感謝と保存食の両面を併せ持つ

日本のお正月に欠かせない食べ物に「餅」があります。大小二つの円《まる》く平たい餅を重ねた鏡餅は、神様に供える神聖なもので、その姿は神霊の宿る鏡に似せているとも言われています。

また、お雑煮に餅を入れるのは、餅には神様が宿っており、それを食べることで神様のエネルギーを体内に入れることができると考えられています。つまり、餅は神聖視されている食べ物なのです。

しかし、餅は正月のようなハレの日に食べるためのものではなく、そもそも保存食として誕生しました。日本人は米を主食としていますが、米作《べいさく》は天候に左右されやすく、凶作になれば1年以上も困窮することになります。そこで、人々は米不足や飢饉に備えての保存食を作るようになりました。

米の保存食として初めに作られたのは、握り飯です。固く握って握り飯にすると、携行しやすいうえに、水分が減るので保存期間が延びます。やがて、この期間をさらに延ばそうと米を搗《つ》いて固め、直接空気に触れないように餅取り粉や片栗粉をまぶすといった工夫が加えられるようになりました。こうして今日の餅の原型ができました。

餅は水分を飛ばし、表面に粉をまぶすなどの工夫をすれば1年以上の保存が可能です。しかも、寒い時期についた寒餅や、薄くスライスしたかき餅は、数年持つと言われています。

西洋で言うと、ビスケットが餅と同じような由来を持っている食べ物です。ビスケットは航海や遠征の食糧として日持ちをよくするために、パンを二度焼いて水分を減らしたことから誕生しました。

このように、保存食として誕生した餅が、神様に供える神聖なものとなったのは、稲に対する信仰と豊穣の祈りが込められているからです。つまり、餅は神様への感謝の気持ちを捧げる神聖な供物であると同時に、実用的な保存食でもある、2つの面を持ち合わせた食べ物なのです。

わんこそば

WANKOSOBA

このユニークな食べ方に2つの説

フードファイトの元祖は、南部藩のお殿様？

岩手県の名物料理に「わんこそば」があります。テレビや雑誌でも多く紹介されていることから、岩手名物のひとつとして知られ、毎年盛岡市では「全日本わんこそば選手権」が開催されています。

フードファイトの元祖として知られるわんこそば大会は、2007（平成19）年にはアメリカのニューヨークやホットスプリングス市でも開催され、今や海外でも知られるようになりました。

わんこそばは、食べる人がストップと示さない限り、空になった器に次々と新しい蕎麦が放り込まれます。この非常にユニークな食べ方は、どういう経緯で誕生したのでしょう。

わんこそばは、岩手県の盛岡市と花巻市を中心とする地域に伝わる郷土料理です。その起源については、盛岡市と花巻市それぞれに由来する2つの説があります。

まず盛岡説は、江戸時代にこの地域のある裕福な家が大勢の村人や客人たちに蕎麦を振る舞った時に生まれたというものです。大勢の人が食べられるように大量の蕎麦を用意したのですが、あまりに人数が多くて一度に全員分の蕎麦を茹でることができませんでした。

そこで、茹でたての蕎麦を少量ずつお椀に小分けして出し、その間に次の蕎麦を茹でて、次々とおかわりを出したというのです。

また花巻説では、わんこそばは庶民の食文化のイメージが強いのですが、じつは南部《なんぶ》藩のお殿様がルーツだと言います。

今から400年ほど前、江戸出府の際に花巻城に泊まることになりました。このとき、料理人は相手がお殿様ということで、特産の蕎麦を山と海の幸と一緒にお椀に上品に少しだけ盛りつけて出しました。すると、お殿様がこれを気に入り、何杯もおかわりをしたというのです。

そしてこの言い伝えがもととなって明治時代にわんこそばを出す蕎麦店が登場し、それが今日のように広まったとされています。

お好み焼き

OKONOMIYAKI

誕生のきっかけは、茶の湯で出される和菓子「ふのやき」

お好み焼きの原型は、千利休にあり

大阪や広島の名物として有名なお好み焼きと言えば、鉄板を囲んで賑やかな雰囲気の中で食べる庶民的なファストフードというイメージがあります。ところが、そのルーツをたどってみると、千利休《せんのりきゅう》に行き着くというのです。

千利休は安土桃山時代の茶人で、「わび」「さび」を追求した人物として知られています。

その千利休とお好み焼きは、とても結び付かないように思えるのですが、じつは千利休はお好み焼きの原型とも言われる食べ物を作って茶会で客に振る舞っているのです。

それがわかるのが、『利休百会記《りきゅうひゃっかいき》』という茶会の様子を記した書物です。そこ

に記された利休が催した88回の茶会のうち、68回目に「ふのやき」というお菓子の名前が登場します。

また、福岡県の円覚寺《えんがくじ》に残されている利休ゆかりの茶書『南方録《なんぼうろく》』にもカタカナで「フノヤキ」とその名が登場しています。

これらの史料から、利休がふのやきを茶会のお菓子として愛用していたことは間違いないでしょう。

「ふのやき」は、水で溶いた小麦粉を鉄板で直径10センチメートルほどに薄く焼いたお菓子でした。刻んだ胡桃《くるみ》や砂糖、芥子《けし》の実などを混ぜた味噌を塗って、くるくる巻いて棒状にしたり、扇形に折りたたんだりして食べられました。利休はふのやきを、料理を食べ終えてからお茶へと移る間に出していたようです。

この利休の「ふのやき」が、確かにお好み焼きへと発展したかはわかっていません。

しかし、小麦粉を水で溶いたものを鉄板で焼くという調理法は、鉄板を使った粉もの料理に共通しています。そのため、ふのやきはお好み焼きをはじめとした粉もの料理のルーツと考えられているのです。

もんじゃ焼き

MONJAYAKI

東京下町の名物へと発展した江戸の屋台名物「文字焼き」

「文字焼き」が訛って「もんじゃ焼き」に

大阪や広島の粉ものと言えばお好み焼きが挙げられるように、東京にももんじゃ焼きがあります。もんじゃ焼きは主に関東地方で食べられるファストフードで、東京の月島《つきしま》には、多くのもんじゃ焼きの店が並んでいます。

もんじゃ焼きは、水で溶いたゆるい小麦粉の生地に、キャベツやイカ、あげ玉などを混ぜ、一緒に焼いた料理です。小さなコテで鉄板に生地を押し付けて焼きながら、そのままコテですくって口に運びます。お好み焼きは焼き上げてから食べるのに対し、もんじゃ焼きは自分で焼きながら食べるのが特徴で、この食べ方が人気のひとつの理由と言えるでしょう。

食べ方が魅力的なもんじゃ焼きのルーツは、「文字焼き」にあると言われています。

文字焼きは、水で溶いた小麦粉に砂糖などを入れて味を付け、熱くした鉄板や銅板に生地をたらして文字や図柄を描くようにして焼いたものです。文字焼きが生まれたのは江戸時代のことで、葛飾北斎《かつしかほくさい》の『北斎漫画』にもその様子が描かれています。

当初は、主に屋台で売られていましたが、やがて駄菓子屋の店の奥に鉄板が置かれるようになり、子どもたちが自分で焼いて食べるおやつとして広がりました。

その食べ方はもんじゃ焼きにそっくりで、生地や材料も似ています。今でこそもんじゃ焼きは様々な具材を入れて焼きますが、かつては、野菜などは入っていませんでした。もんじゃ焼きは文字焼きと同じ駄菓子屋に置かれた鉄板で焼かれ始め、次第にさまざまな素材が加えられて現在のような形になったのです。

東京の月島に多くのもんじゃ焼きの店があるのは、1988（昭和63）年に地下鉄が開業するまで交通の便が悪かったために、ほかの地域では消えつつあった駄菓子屋のもんじゃ焼きが残ったからだと言われています。

今では交通の便もよくなり、すっかり都会の街並みですが、もんじゃ焼きは廃《すた》れることなく残っています。駄菓子屋ではなく、専門店へと変化はしていますが、文字焼きから発展した関東の粉もの文化は確かに受け継がれているのです。

たこ焼き

TAKOYAKI

大阪のシンボルともなった B級グルメの始まり

前身「ラヂオ焼き」の主役はこんにゃくだった

大阪を代表するB級グルメ「たこ焼き」と言えば、濃厚なソースをたっぷりかけて青ノリを振った姿を思い浮かべることでしょう。ところが、この形が完成したのは、意外に最近のことなのです。

大阪のたこ焼きの前身となったのが、明治時代末期から大正時代にかけて流行したラヂオ焼きです。「ラヂオ焼き」という名は、当時は高価でハイカラだったラジオにちなんで付けられました。

これは、たこ焼きとほぼ同じ形状で、小麦粉、出汁《だし》、卵などを溶いて、塩や醤油で味つけしてから焼いたもので、具としては刻みネギやあげ玉、紅ショウガ、そして主役にはタコではなくこんにゃくが入れられていました。

タコが主役の座に着いたいきさつ

では、いつ頃から、タコが主役として入っているたこ焼きが登場したのでしょうか。

それは昭和初期のこと。好景気に沸く大阪では、ラヂオ焼きの屋台がたくさんあり、全国から集まってきた労働者や子どもたちによく売れました。そしてその屋台のひとつだった会津屋《あいづや》の店主は、「もっとおいしければお客は喜ぶし、もっとたくさん売れるはずだ」とほかに具の中心になるものがないか思いをめぐらしていました。

しかし、値の張る食材を使っては、誰もが食べられるものにはなりません。色々と試してみて、安価な牛スジを入れたみたところ、味も食感もよくお客も「肉が入っている」と集まってきたので、「肉焼き」と看板を出すようになりました。これは好評でしたが、スジ肉の下準備には、クセのない部分をより分けて甘辛く味付けするなど手間がかかりました。

するとある日、客のひとりが、「明石の玉子焼きにはタコが入っている」と口にしました。明石の玉子焼きとは、現在は「明石焼き」という名でも知られる、出汁に浸けて食べるたこ焼きに似た料理です。

牛スジもタコも、大阪庶民にはお馴染みの食材ですが、タコはすでに湯がいたものを売っているので、小さく切るだけで具にできます。安価な胴体の部分を買えば、コストも抑えられます。しかも試してみたところ、ほかのどの食材よりおいしくできたのです。会津屋の主人は、小麦粉を変えたり、味を調《ととの》えたりするなど、さらに工夫を重ねました。

こうしてようやく「たこ焼き」が完成したのは1935（昭和10）年のことで、そのおいしさが知られるようになると、大人たちがまとめ買いして行くまでになったのです。

この時のたこ焼きは、あらかじめ醤油味が付いており、何もつけずに食べるものでした。

ソースが塗られ、現在のような形になったのはもっと遅く、第二次世界大戦後の、1945（昭和20）～1955（昭和30）年にかけてのことです。

納豆

NATTO

納豆菌の環境に一役買った稲藁

糸を引かない納豆の存在

東南アジアには、中国の「豆豉《トウチ》」やネパールの「キネマ」など、大豆を発酵させた食品がいくつかあります。

日本の納豆もそのひとつですが、糸引き納豆のようにネバネバとしたものはほかの国にはありません。そのため、糸引き納豆は、海外ではその見た目が気味悪く思われ、不評のようです。

現在、納豆というとこの糸引き納豆を指すことが多いのですが、日本には糸を引かない納豆もあります。それは、納豆菌ではなく麴菌によって発酵させ、塩水に漬け込んで作られる塩辛納豆です。塩辛納豆のほうが歴史は古く、奈良時代頃に中国から渡来したと伝えられています。

糸引き納豆はこうして誕生した

一方で、糸引き納豆は日本で生み出されました。その誕生については諸説ありますが、もっとも有名なのが、平安時代の武将、源 義家《みなもとのよしいえ》にまつわる説です。

出羽国で1083（永保3）年に起こった後三年《ごさんねん》の役で、村人が食料として納めた、藁に包んだ煮大豆が、馬で運ばれているうちに蒸れて糸を引くようになっていました。しかし、兵糧が不足していたため、義家は恐る恐る食べてみることにしました。すると意外にもおいしかったのでそのまま食料としたといいます。後三年の役の舞台であった秋田県横手市の金沢柵跡《かなざわさくあと》には、納豆発祥の地という碑が建てられています。

また、室町時代初期の光厳法皇《こうごんほうおう》がはじめて食べたとする説もあります。京都の村人たちが光厳法皇に藁に包んだ煮豆を献上したところ、日がたってしまったため糸を引いてしまいました。法皇がそれに塩を振って食べてみたところ味がよく、その後も献上させるようになったというものです。

ほかに、聖徳太子、加藤清正、伊達政宗などにも、納豆誕生にちなんだ伝説が残されています。これらの説の多くに共通しているのは、藁に包んでいた豆が、糸を引くようになり、それを食べてみたという点です。また、源義家にまつわる説のように馬もよく登場します。

この理由として、日本人に身近な稲藁が、納豆菌にとって繁殖しやすい場所であることが考えられます。よく乾燥させた稲藁は、物を包むのに使ったり、馬の飼料に用いたりしました。

乾燥した藁の中では、細菌やカビは繁殖しにくいのですが、納豆菌の胞子は乾燥に強いので生き残ります。煮大豆を包むことで藁に水分が戻り、しかも馬の背でこれを運べば馬の体温で温められ、納豆菌はより殖えやすくなります。大豆が納豆になる環境が整っていたと考えられるわけです。

糸引き納豆は室町時代中期にはすでに食べられていたようで、江戸時代からは関東の町で納豆売りの姿が見られるほど普及しました。ただ、その頃の納豆は納豆菌の自然発酵に頼っていたため味や品質はまちまちだったようです。

現在のように納豆菌の培養による安定した生産ができるようになったのは、大正時代になってからのことです。

やきとり

YAKITORI

「やきとり」と「焼き鳥」は異なる料理

牛肉や豚肉の臓物を有効活用

「やきとり」の看板を見つけてお店に入ったら、メニューにはなぜか鶏肉ではなく牛肉や豚肉の名前が並んでいた……。こんな体験をした人もいるのではないでしょうか。

じつは、鳥肉以外でも「やきとり」と称することがあるのです。

江戸時代までの日本では、肉を食べることは禁忌《きんき》とされていました。ただしスズメやカモ、ニワトリなど鳥の肉だけは売られていましたし、それを焼いて食べさせる店もありました。これが通常の「焼き鳥」です。

明治時代になると、西洋文化の影響を受けて牛や豚、馬の肉も一般的に食べられるようになりましたが、まだ肉食に慣れない人が多く、流通量はわずかでした。なかでも内臓は現代と違ってそのおいしさが知られていなかったために、捨てられるかタダ同然で取引されていたのです。

これをうまく利用して商売をしようと考えた人が、牛肉や豚肉の「やきとり」を生み出しました。安く買い取った臓物を小さく切り、串に刺してタレをつけ、「やきとり」として売り出したのです。今なら問題になりそうですが、当時はこれを取り締まる法律はありませんでした。

また、これが鳥の肉ではなくほかの動物の臓物であることは、すぐ世間に知られたのですが、たいした騒ぎにもなりませんでした。それどころか、鳥肉よりも安くて、しかもいい味だと評判になったのです。こうして次第に扱う屋台が増え、鳥ではない「やきとり」が、広く全国に普及していったのです。

たとえば、埼玉県東松山市で「やきとり」と言うと、豚肉を焼いて辛味噌ダレをつけて食べる料理です。また、福岡件久留米市は、鳥だけでなく牛や豚、馬の肉を焼いたものも含めて「やきとり」とし、久留米市の食文化として発信しています。

現代では、牛や豚の肉を焼いた「やきとり」は日本食文化として根づいているのです。『広辞苑』などの辞書にさえ、やきとりとは鳥の肉を串に刺して焼いたものというだけではなく、牛や豚の内臓を串焼きにしたものという記述もあるほどです。

天ぷら

TENPURA

実は舶来だった日本を代表する揚げ物料理

戦国時代に伝えられた西洋料理

外国人にも有名な日本料理のひとつに天ぷらが挙げられますが、じつは天ぷらの発祥は日本ではありません。天ぷらは舶来の料理なのです。これを海外の方が知ったら驚くかもしれません。

日本に天ぷらが伝えられたのは、戦国時代のことです。貿易によって多くの南蛮人が来日し、様々な西洋文化と共に天ぷらも伝えられました。

天ぷらが日本古来の料理ではないことは、徳川家康が西洋から来た珍しい料理として食べた記録が『慶長日記』に記されていることからもわかります。

大坂夏の陣終結後、京都から駿府《すんぷ》の家康の元を訪ねた京都の豪商、茶屋四郎次郎《ちゃやしろじろう》が京都で流行っている珍しい料理だと紹介したところ、興味を持った家康が鯛《たい》を揚

江戸時代の天ぷら屋台。文化3年（1806）に描かれた『職人尽絵詞』（北尾政美画、山東京伝ほか詞書）にある天ぷらの屋台。海老・鱚・メゴチ・ハゼ・穴子など、江戸前の海でとれる鮮魚を揚げて、熱いうちに天つゆか塩で食べた。（国立国会図書館所蔵）

げて食べたというのです。その時、あまりにたくさん食べたために腹痛を起こしたという話が残っています。

「天ぷら」という名前の由来

では、天ぷらという名前はどのようにして付けられたのでしょうか。日本に伝えられたときの名前が転訛《てんか》したのでしょうか。

諸説ありますが、そのひとつに「テンポラス料理」が転訛したという説があります。『食べる日本史』の著者樋口清之氏によると、キリスト教には「テンポーラ」という金曜日の祭りがあり、この日は魚肉に小麦粉をつけて油で揚げて食べる習慣がありました。

天ぷら　TENPURA

日本人はその料理を「テンポラス料理」と呼び、やがて江戸時代になって「天ぷら」と呼ぶようになったというのです。

ほかにも、ポルトガル語で調味料を意味する「テンペロ」、スペイン語で寺という意味の「テンプロ」などが転訛したという説もあります。

さらに興味深いのは、江戸の戯作者である山東京伝《さんとうきょうでん》が名付け親だという説です。弟の京山《きょうざん》が著した随筆『蜘蛛の糸巻』（1846年）には、大坂から駆け落ちしてきた利助という人物が江戸で魚の揚げ物の屋台を始める時に、京伝がその料理に「天麩羅」と命名したと記されています。

「天」は利助が住所の定まらない天竺浪人《てんじくろうにん》であったことから、「麩」は小麦粉から、「羅」には薄物の意味があることから、「天麩羅」と名付けたと言います。

ただ、天ぷらの作り方が載っている本が『蜘蛛の糸巻』よりも前に出版されているため、これは宣伝用の文句だったのではないかとも言われています。

天ぷらという名前の由来ははっきりしませんが、江戸末期には庶民にも広まり、天ぷらは日本食として定着しました。その天ぷらが、今や日本食を代表する料理として海外に逆輸出されているのです。

しゃぶしゃぶ

SHABUSHABU

ルーツはモンゴルで生み出された凍った肉の解凍法

「しゃぶしゃぶ」というネーミングはオリジナル

すき焼きとともに、日本の鍋料理として人気のあるのがしゃぶしゃぶです。沸騰したスープに薄切り肉を入れて二度、三度くぐらせてから、ごまだれやポン酢など、好みの味を付けて食べます。スープにくぐらせることで、適度に肉の脂分が落ち、さっぱりとしていることから、年配の方にも食べやすい料理です。

シンプルな調理法なので昔から食されていたように思えますが、歴史は意外と浅く、しゃぶしゃぶが食べられるようになったのは戦後まもなくのことです。しゃぶしゃぶの原型は、1946（昭和21）年、京都の祇園の料理店「十二段家《じゅうにだんや》」の二代目主人西垣光温《にしがきみつはる》によって考案されました。そして、その考案のヒントとなったのは、

しゃぶしゃぶ SHABUSHABU

第二次世界大戦中に軍医として北京に赴任していた吉田璋也《よしだしょうや》が西垣に伝えた、北京料理のシュワンヤンロウでした。

シュワンヤンロウとは、北京料理の代表的な鍋料理です。シュワンヤンロウには、真ん中が筒になっており、そこに炭を入れて使う火鍋子《フォーコーズ》という独特の鍋が使われます。この鍋にしいたけや干しえびを入れたスープを煮立たせ、その中に薄切りの羊肉をくぐらせたあと、ごまや醤油、ラー油など10種類以上の調味料を好みで混ぜて作ったタレに付けて食べます。鍋の形や素材は違いますが、調理方法はしゃぶしゃぶによく似ています。

では、しゃぶしゃぶの原点は、北京料理のシュワンヤンロウで決まりかというと、その先をたどると、モンゴルに行き着きます。モンゴルの冬はとても寒く、屋外に置いておいた肉はすぐに凍ってしまいます。モンゴルの人々はこれをどうにかして食べようと、凍った肉を薄くそぎ落として湯に入れ、解凍してから食べていました。

この食べ方が北京に伝わり、やがてシュワンヤンロウという鍋料理に発展したのです。つまり、しゃぶしゃぶの原点はモンゴルで生み出された凍った肉の解凍法にあったというわけです。

しゃぶしゃぶがこれほどの人気料理になったのは、そのおいしさもさることなが

しゃぶしゃぶの伝播経路

しゃぶしゃぶの源流をさらにたどるとモンゴルの遊牧民の習慣に行き着く。

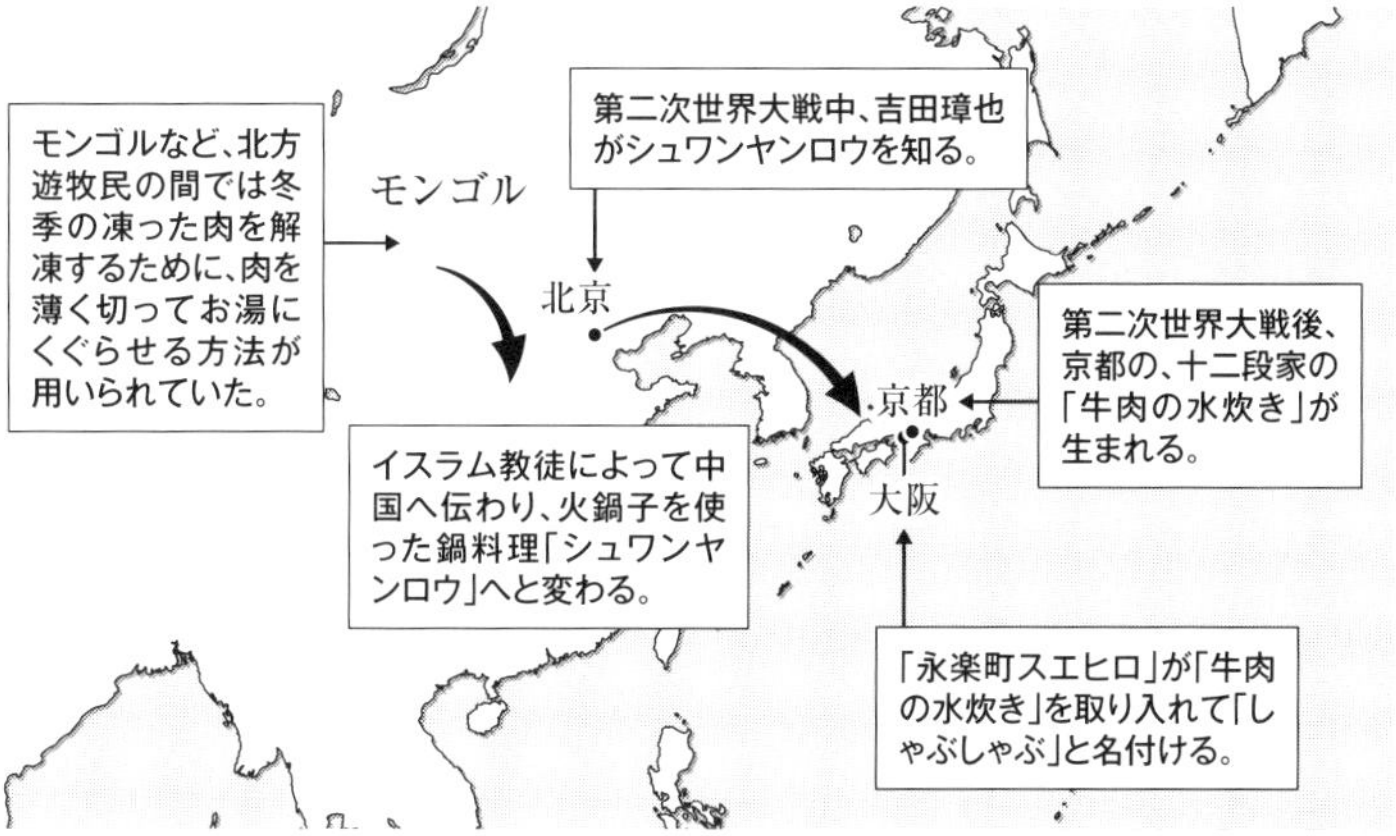
モンゴルなど、北方遊牧民の間では冬季の凍った肉を解凍するために、肉を薄く切ってお湯にくぐらせる方法が用いられていた。
モンゴル
第二次世界大戦中、吉田璋也がシュワンヤンロウを知る。
北京
イスラム教徒によって中国へ伝わり、火鍋子を使った鍋料理「シュワンヤンロウ」へと変わる。
京都
大阪
第二次世界大戦後、京都の、十二段家の「牛肉の水炊き」が生まれる。
「永楽町スエヒロ」が「牛肉の水炊き」を取り入れて「しゃぶしゃぶ」と名付ける。

らそのネーミングの妙にもあると言われています。

じつは、西垣が考案した料理はしゃぶしゃぶではなく「牛肉の水炊き」という名だったのです。この料理はすぐに店の看板メニューになり、その人気にあやかろうと他店でも同じような料理が売り出されるようになりました。

その時に、大阪の永楽町《えいらくちょう》スエヒロ本店の店主三宅《みやけ》忠一《ちゅういち》が肉を湯にくぐらせる音から考え出したのが「しゃぶしゃぶ」という名でした。

このインパクト十分な名前が付けられたからこそ、しゃぶしゃぶは日本の代表的な鍋料理のひとつにまでなったのかもしれません。

ハヤシライス

HAYASHIRAISU

「ハヤシ」は何を指しているのか？

明治時代に日本で生まれた洋食の代表格

日本には、洋食と言われながら海外では見かけない料理が少なくありません。ハヤシライスもそのひとつ。ハヤシライスは、細かく切った牛肉や玉ねぎをデミグラスソースやケチャップなどで煮込んだものを、ご飯にかけた料理です。この料理は明治初期に日本で考案されたのですが、なぜ「ハヤシ」ライスと名付けられたのでしょう。カレーライスは文字通りご飯にカレールーをかけたものですが、ハヤシという料理はありません。

ハヤシライスの名前の由来については諸説ありますが、一説に、フランスから伝わった料理の名前が転訛《てんか》したと言われています。

明治初年に開店した神田佐久間町の「三河屋《みかわや》」という洋食屋では、ハッシュ・ド・

ビーフが人気を博していました。ハッシュ・ド・ビーフは、ビーフシチューやホワイトシチューなどと同じ、シチューのひとつです。これらのシチューは16世紀後半から17世紀のフランスで誕生し、明治時代に日本に伝わりました。

もちろん西洋料理ですから、本来はご飯にかけて食べるものではありませんでしたが、ハッシュ・ド・ビーフがよく頼まれた三河屋では、ご飯と一緒に提供されることもありました。これが好評となってハッシュライスと呼ばれるようになり、この「ハッシュ」が訛《なま》ってハヤシライスになったというのです。

ほかに、考案者の名前から付けられたという面白い説もあります。丸善の創業者である早矢仕有的《はやしゆうてき》は優秀な医者でしたが、西洋に強い関心を抱き、洋食にも高い興味を持っていました。彼が、ある日、訪ねてきた友人に振る舞うために、台所にあった肉や野菜類をごった煮にし、それをご飯にかけた料理を作ったのです。

この料理がやがてレストランのメニューになり、考案した早矢仕の名前から「ハヤシライス」と命名されたと言われています。また、最初にハヤシライスを作ったのは、早矢仕ではなく、「上野精養軒《うえのせいようけん》」の林というシェフだったという説もあります。

考案した人物の名前説と、料理法から生まれた説があるわけですが、どちらにせよ洋食と思われているハヤシライスは、じつは日本独自の料理だったのです。

カレーライス

KARERAISU

海軍の食事に始まる日本の国民食

独自に発展を遂げた日本のカレー

２０１８年12月、代表的な日本式カレーライスのチェーン店がイギリス店をオープンさせました。ヨーロッパにはこのイギリス店が初出店で、１９９４年にアメリカに出店して以来、12か国目の海外支店になりました。

カレーはインドで生まれた料理というのはご存じの通りですが、インド料理として日本に伝わったわけではありません。

１７００年代に本格的にインドへ進出したイギリス人たちが、そこでカレーと出合ってレシピを母国に伝え、カレーはヨーロッパで広まりました。そして、文明開化を果たした明治時代の日本に西洋文化のひとつとして上陸を果たしたのです。

とはいえ、カレーはすぐに日本で広まったわけではありません。カレーが庶民の料理として広まった背景には、日本の軍隊の存在がありました。

1882（明治15）年、海軍の軍艦「龍驤《りゅうじょう》」が遠洋航海に出た際、参加していた海軍兵学校生徒を含む乗組員397人のうち169人が重い脚気にかかり、そのうち25人が死亡するという事故が起こりました。当時の軍艦内の食事は白米、梅干し、たくあん、味噌汁といったもので、この白米中心のメニューにはビタミンB1が不足していました。これが脚気の原因だったのです。

そこで海軍は、艦内の食事を肉や野菜中心の栄養バランスのよいものに一新することにしました。このときに参考にしたのが、当時の日本海軍が手本にしていた英国海軍の食事メニューでした。そのなかでも、栄養価が高く、戦場でも食べられる手軽さもあるカレーが注目され、日本人向けのカレーライスが考案されたのです。

1889（明治22）年に主計科《しゅけいか》新兵の教育内容を定めた『五等厨夫教育規則』には、カレーの調理法が記されています。当時、軍艦の厨房に立つ兵士たちは皆、これを読んでカレーの作り方を学んでいました。

こうして軍隊でカレーを食べた兵士たちは、除隊したり、帰郷したりした際にそのレシピを家族や友人に教えました。そうしてカレーは家庭でも作られるようになり、やがて日本の国民食へと発展したのです。

肉じゃが

NIKUJAGA

ビーフシチューを作ろうとして生まれた〝おふくろの味〟

軍隊がルーツの日本の家庭料理

肉じゃがは、日本を代表する家庭料理のひとつです。じゃがいものほくほくした食感や、ほんのりと甘い味付けが、日本人の胃袋を支え続けています。

家庭料理の代表格だけに、肉じゃがは古くから日本の家庭に伝わる料理のように思っている人も多いでしょうが、そのルーツは軍隊にあります。しかも、肉じゃがという料理が生み出されたきっかけは、東郷平八郎《とうごうへいはちろう》にあるのです。

東郷平八郎といえば、明治時代、連合艦隊司令長官として、日露戦争の帰趨《きすう》を決する日本海海戦でバルチック艦隊を撃退した英雄として有名な人物です。彼は明治初期にイギリスに留学した海軍のエリートでした。

イギリスへの留学中、東郷はビーフシチューと出合います。そしてそのあまりのおいしさに、帰国後もその味を忘れることができませんでした。そこで、東郷はある日、海軍のコックにビーフシチューを作ってくれるように頼み込みました。

ところが、完成したのは、ビーフシチューとは似ても似つかない不思議な料理。なにしろ、コックはビーフシチューなど見たことも食べたこともありません。しかも、東郷が伝えたレシピがうろ覚えのものだったうえ、ワインやバターなどのイギリスと同じ食材を入手することもできなかったのですから、当然といえば当然です。コックは、東郷から聞いた通りに牛肉とじゃがいもを煮込み、醤油や砂糖、胡麻油といった身近な調味料で味付けしました。こうして完成したのが、「肉じゃが」の原型となった料理でした。

しかし、食べてみるとこれがなかなか美味しい。ビーフシチューとは違ったものの、日本人の口に合う味で、栄養バランスもよいということで海軍のメニューに採用されました。これが後に家庭に広まり、日本の家庭料理の代表格にまで成長したというわけです。

当初は「甘煮」「煮込み」「牛肉と野菜の煮込み」などと呼ばれていましたが、昭和40年代に家庭料理のテレビ番組で「肉じゃが」という名前が使われて以後、この名前が定着しました。

どら焼き

DORAYAKI

最初は「金つば」の別名だった丸い和菓子

どら焼きの「どら」は、お寺の銅鑼が由来

近年、イタリアにある日本人経営の日本食レストランでは、よくデザートとして「どら焼き」が提供されると言います。日本の庶民的なおやつであるどら焼きがイタリアのレストランのデザートとして出されるとは不思議ですが、じつはイタリアでは日本のアニメ『ドラえもん』が人気なのです。ドラえもんの大好物ということで、どら焼きにも注目が集まるようになり、日本の菓子の代表として扱われているというわけです。

どら焼きと言えば、誰もが卵や砂糖を加えた2枚の小麦粉の丸い生地に餡を挟んだ円形の和菓子を思い浮かべることでしょう。しかし、江戸時代のどら焼きは、現在のものとはかなり違っていました。

江戸時代の国学者である喜多村信節《きたむらのぶよ》が著した随筆『嬉遊笑覧《きゆうしょうらん》』に、「どら焼きは『金つば』とも呼ばれている」とあります。また『大日本国語辞典』にも、「金鍔《きんつば》の大なるもの。形、銅鑼《どら》に似たるよりいふ」と記されています。

金つばとは、砂糖や卵の入っていない小麦粉の薄い皮で餡を包んで焼いたお菓子のこと。その金つばの大きなものがどら焼きだというのです。そして、その名前の由来は、銅鑼に似た形からきているというわけです。

銅鑼とは、寺の法会《ほうえ》の際に紐で吊り下げて鳴らす楽器のことです。本来は寺で使う物ですが、船の出帆《しゅっぱん》の時に鳴らす鐘を思い浮かべる人も多いかもしれません。

現在のような2枚の生地に餡を挟んだどら焼きが誕生するのは、東京では大正時代に入ってからのこと。当時はその形から「編笠《あみがさ》焼き」と呼ばれていました。関西では奈良の三笠山《みかさやま》に形が似ていることから「三笠焼き」と呼ぶところもあります。

また、京都には丸い生地でくるりと餡を巻いた、一般的なものとは違った形のどら焼きもあります。これは、江戸時代の末期に京都の菓子司《かしつかさ》の主人が、東寺《とうじ》の僧から副食になるお菓子を作ってほしいと頼まれて考え出したもので、寺でも作れるようにと鉄板の代わりに銅鑼で焼いたのだそうです。ここから、どら焼きという名前が付けられたという説もあります。

羊羹

YOKAN

和菓子の定番はもともと羊肉のスープだった

似ても似つかない羊羹のルーツ

日本の代表的な和菓子のひとつに羊羹があります。練羊羹《ねりようかん》や蒸羊羹《むしようかん》、水羊羹《みずようかん》、芋《いも》羊羹《ようかん》など種類も豊富で、全国各地に銘菓として存在しています。

これほど日本人に愛されている羊羹ですが、じつは日本生まれではなく、平安時代に遣唐使によって中国から伝えられたものです。しかも、当時は羊羹と言えばお菓子ではなく汁物だったのです。

羊羹という文字を見ると、そこには3つの「羊」という字が含まれているのに気付くでしょう。

「羹」という字の「羔」は子羊のことで、「美」も「羊」と「大」の合字です。字の通り、羊羹は羊と非常に縁が深い食べ物です。「羹《あつもの》」とは羊肉を練り固めたもののことで、羊羹はその羹をやま芋やしいたけ、竹の子などと一緒に煮た汁物だったのです。

ヨーロッパでも、放牧が盛んなオーストリアやアイルランドでは羊肉がよく食べられているように、中国でも古くから羊肉が食べられていました。

ところが、羊羹が伝わった平安時代の日本には、羊どころか肉を食べる習慣そのものがありませんでした。そこで、羊肉の代わりに小麦粉やくず粉、もち米の粉、小豆の粉、やま芋などの植物性の材料を練ったものを汁に入れて、宮廷や仏閣の祭事に用いたのです。

そのしきたりは今も残っており、皇室で執り行われる饗宴《きょうえん》では、「清羹《すまし》」と言った汁物のメニューが出されることがあります。

日本で独自に発展した和菓子

汁物だったその羊羹がお菓子へと変化していくのは、鎌倉・室町時代のことです。茶道が盛んだったこの時代、汁物の具としてではなく、練り物だけを茶受けとして用いるようになったのです。練り物は蒸され、さらに甘みも加えられて、現在で言う蒸し羊羹になりました。

その後、室町時代の1461（寛正2）年には京都伏見の岡本善右衛門《おかもとぜんえもん》が、江戸では寛政年間（1789〜1801年）の初めに日本橋で喜太郎が練り羊羹を売り出して評判となりました。

当時は貴重だった砂糖を使った練り羊羹は、高級菓子として広まったと言われています。山東京山は『蜘蛛の糸巻』（1846年）のなかで、その人気について、羊羹を食べさせるというだけで人を招くほどだったと回想しています。この頃から、羊羹と言えば練り羊羹を指すようになったのです。

明治になって砂糖が自由に安価に手に入るようになると、羊羹は一気に庶民的なお菓子の代表格になりました。羊羹は保存がきくことから軍需品としても重視されたと言われています。

こうして、長い歴史の中で日本人によって改良を加えられ続けた結果、羊羹は現在のような日本を代表する和菓子へと進化したわけです。

桜餅

SAKURAMOCHI

桜の落ち葉を再利用するために考え出された名物餅

桜餅を最初に包んだのは隅田川の桜の葉

日本では古くから桜が愛でられてきましたが、近年では日本人と同じようにお花見を楽しむ訪日外国人の姿も見られるようになりました。欧米の人たちにとって春はイースター休暇のある旅行がしやすい時期であり、お花見を楽しみに日本を訪れる外国人が非常に多くなっているのです。

国内外から人が集まる桜の名所は全国各地にたくさんありますが、東京の隅田川はとくに多くの人が集まる名所のひとつです。じつは、お花見にピッタリの和菓子「桜餅」はこの隅田川のほとりにある長命寺《ちょうめいじ》で誕生しました。

長命寺の門前には通称「墨堤《ぼくてい》」と呼ばれる隅田川の堤があり、昔から春になると花見客でにぎわっていました。この長命寺の門番をしていたのが山本新六《やまもとしんろく》という人物で、彼は桜が散って葉が茂り、その葉が落ちると、せっせと掃除をしていました。その葉の量はあまりに膨大で、しかも、掃除をいくらしても次から次へと落ちてくるので、いっこうに片付きません。

そのうちに新六は、大量の落ち葉を見て、「この葉っぱをただ捨てるのはもったいない。なんとか再利用できないものか」と考えるようになったのです。

そこで新六は、桜の新鮮な葉を塩漬けにして保存することを考えつきました。そして餅をその塩漬けした葉で包んでみました。すると、桜の葉の香りが餅に移り、とても風流でおいしい餅ができあがったのです。

1717（享保2）年、新六がこの桜餅を長命寺の門前で売り出したところ、花見客に大評判になりました。1825（文禄8）年の『兎園小説《とえんしょうせつ》』によると、前年の売上が38万7500個、漬け込んだ桜の葉が77万5000枚にも及んだというのですからその人気ぶりがうかがえます。

関東と関西の桜餅の違い

この長命寺の桜餅は、今も「山本やの桜餅」として墨堤前で販売されています。

ただ、当時は墨堤の桜の葉を使っていましたが、墨堤に植えられているソメイヨシノの葉は硬いため、現在使われているのは、約7割が伊豆の松崎町から取り寄せたオオシマザクラの葉です。

長命寺の桜餅をはじめとした関東の桜餅と関西の桜餅には違いがあります。巻頭の桜餅は、小麦粉で作った生地を薄く焼いた皮で餡を包んだものですが、関西では大坂の道《どう》明《みょう》寺《じ》が1000年以上も前に考案した「道明寺糒《ほしいい》」という、もち米を干してから粗く挽《ひ》いた「道明寺粉」で作った生地が主流です。米の形が残った、もちもちとした食感が特徴です。

歌川広重・豊国画『江戸自慢三十六興向嶋堤ノ花并ニさくら餅』。江戸時代、墨堤の看桜帰りに、長命寺の桜餅を土産にするのが流行した。（国立国会図書館所蔵）

ショートケーキ

SHOTOKEKI

日本人も意外と知らない「ショート」の意味

海外のショートケーキはまったく違うもの

日本で最もスタンダードなケーキと言えば、スポンジ生地に生クリームをあしらい、イチゴを飾ったショートケーキでしょう。イチゴではなく、ほかの果物を飾ったものもありますが、やはり一番人気はイチゴのショートケーキです。白い生クリームと赤いイチゴの組み合わせも美しく、子どもから大人まで幅広く好まれており、誕生日やクリスマスにもよく登場します。

日本では、どの洋菓子店でも目立つところにショートケーキがありますが、海外ではあまり見かけません。それどころか、「ショートケーキをください」と言おうものなら、まったく別のお菓子が出てくるでしょう。日本人はそれにびっくりしますが、日本でショートケーキを見た外国人も同じように驚くはずです。

ショートケーキの「ショート」とは、「短い」という意味ではなく「サクサクした、脆《もろ》い、砕けやすい」という意味です。つまりショートケーキは本来、サクサクしたクッキー状のお菓子のことを指すのです。ですから、海外で「ショートケーキ」を頼むと、クッキーやビスケットに似たお菓子が出てきます。

日本でも、明治後期にショートケーキという名で伝わってきたお菓子は、クッキー状のものだったと考えられます。アメリカにはストロベリー・ショート・ケイクという、サクサクしたビスケット生地にイチゴとクリームを挟んだお菓子があります。『万国お菓子物語』の著者である吉田菊次郎氏は、この名前をそのまま用い、日本人好みにアレンジしたのが現在のショートケーキではないかと推測しています。

日本人の好みに合わせた大胆なアレンジ

日本のショートケーキはいつ、クッキーからスポンジケーキへと変身を遂げたのでしょうか。

初めて日本風ショートケーキを考案したのは、洋菓子メーカーの創業者、門倉国《かどくらくに》輝《てる》とされています。パリで洋菓子製造の修業を積んで帰国してきた門倉は、1924（大正13）年に現在のようなショートケーキを発売しました。

彼も、帰国当初はフランスで学んできた通りのショートケーキを作っていました。しかし、そのままではあまり日本人には好まれなかったため、試行錯誤でアレンジが加えられました。その結果、日本人になじみの深いカステラとよく似たふわふわしたスポンジ生地に、しっとりした生クリーム、酸味のあるイチゴを組み合わせた現在のスタイルが誕生したのです。

それでも、当時の洋菓子はまだまだ庶民には高嶺の花で、しかも生クリームは日持ちがしないために、ショートケーキなど見たことも聞いたこともないという人がほとんどでした。

一般にも広く知られるようになったのは、高度経済成長期を迎えて乳製品である生クリームが世に出回り、商店には冷蔵ケースが、家庭には冷蔵庫が普及した昭和30年代になってからのことです。

PART.5

第５章

食習慣を育んだ「日本人の信仰」に迫る

１年の行事を振り返ると、
「食べる」行為と結びついていることが多い。
そこには、世界にも類を見ない
日本人の食事の作法、料理が隠されている。
日本人の食習慣から「日本人の信仰」の形を
再確認する。

OSECHI

お節料理の起源は節句に出された節会料理

かつて1年に5回も食べられていた

日本ではお正月の食卓にお節料理が並びます。重箱に詰められたごちそうには、一品一品に「今年もいい年になりますように」という願いが込められています。その内容は、基本的には祝《いわ》い肴《さかな》三種、煮しめ、酢の物、焼き物とされています。その中でも特に欠かせないのが祝い肴です。関東では黒豆・数の子・田作り、関西では黒豆・数の子・たたきごぼうの3種が出されます。

黒豆は「まめに働く」「黒く日焼けするほど健康」などの語呂合わせで、長寿と健康への願いが込められたものです。数の子は卵の数が多いことから、子孫繁栄や五穀豊穣への願いが込められました。田作りは豊作への願い、たたきごぼうにはその土地に根をはって安定して暮らせるようにという願いが込められました。

そのほか、日の出を象徴するかまぼこ、出世魚のぶり、「よろこぶ」の語呂合わせで昆布、腰が曲がるほど長生きを願ってえびなどが入れられます。

このように、縁起のいい料理が詰まったお節料理は、新年を迎えるにふさわしい料理です。しかし、元来お節料理は節句の時に出される料理のことで「節会《せちえ》料理」と言いました。節句は1年に5回あります（五節句）。つまり、お節料理はかつて年に5回も食べられていたのです。

五節句とは、1月7日の「人日《じんじつ》」、3月3日の「上巳《じょうし》」、5月5日の「端午《たんご》」、7月7日の「七夕《たなばた》」、9月9日の「重陽《ちょうよう》」を指します。

節会料理は、季節の節目である節句の日に、年神様へお供えした供物を皆で分けて食べるという風習から生まれました。そうすることで、神様の力を分けてもらえ、健康でいられると信じられてきたからです。

しかし、時代を経るに従い、季節の変わり目の節句の日に節会料理を準備するという習慣はだんだん廃れていきました。そして一番重要視され、内容も豪華な正月の節会料理だけが残り、「お節料理」と言えばこれだけを指すようになったのです。

お節料理と言うと、一の重、二の重、三の重と三段重ねにするのが一般的ですが、このスタイルになったのも意外と最近のことで、明治時代以降からです。

七草粥

NANAKUSAGAYU

「食べると病気にかからない」と言われる正月の〆料理

お正月の区切りの風習

日本には旧暦の1月7日に七草粥を食べる習慣があります。七草粥に入れる七草とは、一般にせり・なずな・ごぎょう・はこべら・ほとけのざ・すずな・すずしろの7つ。これを春の七草と言います。この日に七草粥を食べると、その年は病気にかかることなく、健やかに過ごせるという言い伝えのある縁起物です。

七草粥のルーツは、平安時代にさかのぼります。当時、正月には中国から伝来した七種粥《ななくさがゆ》を食べるしきたりがありましたが、七草の内容は現在とは異なり、米・あわ・きび・ひえ・ごま・小豆・み（野草）のことを指しました。これがのちに七草になりますが、しばらくは草の種類も定まっていなかったようです。

それが、江戸時代になって庶民の間にお正月の区切りをつける習慣として七草粥の風習が広まり、今日のような七草が用いられるようになりました。

このように、七草粥はお正月に1週間の区切りをつけるためのもので、病気をしないといった縁起とはまったく関係のない風習から始まっていたようです。

七草が秘める薬用効果

ただ、迷信と言いきれない部分もあります。というのも春の七草にはそれぞれ効用があるからです。たとえば、せりは整腸や風邪予防、なずなは解熱や高血圧防止、ごぎょうは咳止めなどです。これらをおかゆにして食べることで、さらに消化もよくなります。そのため薬膳料理としても人気の高い食材です。

1月7日ごろと言えば、お正月にお節料理をたくさん食べたのにあまり体を動かさず、胃の疲れがピークに達する時期。その胃を休ませるために、消化しやすい七草粥を食べるのは健康面においても理にかなったことです。

また、この時季に七草粥を食べれば、寒い時期の野菜不足をカバーして風邪などの予防にもつながります。

七草粥を食べる風習は、正月に一区切りをつけるとともに、1年の初めに体調を整えるという生活の知恵から生み出されたものなのです。

カボチャ

KABOCHA

迷信由来だけではない
冬至にカボチャを食べる習慣

たっぷりのカロテンで厳しい冬を乗り切る

1年で最も日が短くなる日は「冬至」として知られています。12月22日頃で、寒さはまだこれからという時季です。ただ、この日から少しずつ春に近づいていくため、陰が極まって陽に転じる「一陽来復《いちようらいふく》」の日とされ、古代中国ではこの日が暦の起点となっています。

西洋に目を向けると、北半球の各地で春を呼ぶ儀礼やお祭りが開催されます。キリストの誕生日であるクリスマスが12月25日とされているのも、古代の冬至の祭りがキリスト教と結びついたためと考えられています。

日本では、この日に太陽を思わせる鮮やかな黄色い実のカボチャを食べる習慣があります。この習慣の起源ははっきりしませんが、江戸時代から一般に広がったようで、「冬至にカボチャを食べると風邪をひかない」と言われます。

これは、根拠のない言い伝えではありません。カボチャに多く含まれるカロテンは、身体の抵抗力を高める効果があるので、カボチャを食べることによって風邪を遠ざけることができるのです。

さらに、疲れ目や鳥目を防ぎ、皮膚を乾燥から守る働きもあります。日照時間が短く、空気が乾燥する冬至の時季にカロテンをとることは合理的なのです。

ほかにもカボチャには、ビタミンC、ビタミンE、食物繊維、ミネラルなども豊富に含まれています。栄養価の存在を知らない時代であっても、経験からカボチャが厳しい冬を乗り切るのにぴったりの食材であることを学んでいたのでしょう。

また、輸送手段も発達していない時代、冬に新鮮な野菜を手にすることは困難でした。ところが、カボチャは夏に収穫する野菜でありながら、包丁を入れずに丸ごと置いておけばそのままで保存ができます。しかも栄養価が失われたり味が落ちたりすることもなく、むしろ日がたつごとに甘味が増しておいしくなっていくのです。

とはいえ、年を越す頃になるといかにカボチャといえど味が落ちはじめます。そのため、貯蔵しておいたカボチャが無駄にならないよう、冬至には食べてきってしまおうという暮らしの知恵から、このような言い伝えが生まれたと考えられます。

粽・柏餅

「こどもの日」に関西では粽、関東では柏餅が食べられる理由

中国で生まれた端午の節句

11月20日は国連が定めた「世界こどもの日」です。この記念日は、1989年11月20日に国連総会で「子どもの権利条約」が採択されたことを記念して定められました。ですが、日本ではそれよりもっと古く、1948年より5月5日を子どもの成長を祝う「こどもの日」としています。

この日は平安時代に中国から日本に伝えられた季節の節目を祝う節句のひとつ、「端午」の節句です。端午の「端」は「初め」、「午」は「五」を意味しています。

この頃はちょうど田植えの時期であったことから、日本ではもともと菖蒲《しょうぶ》や蓬《よもぎ》を使って厄除けの行事が行われていました。

その行事と端午の節句が結びつき、やがて鎌倉時代に菖蒲が「勝負」につながる

端午の節句の風景を描いた江戸時代の風刺画『子供遊端午の気生』（国立国会図書館所蔵）

ことから男の子の節句となりました。

柏餅を食べる習慣は江戸発祥

日本ではこどもの日に、関西では粽《ちまき》、関東では柏餅《かしわもち》を食べる習慣があります。

粽は、端午とセットで中国から日本に伝わりました。

粽は、中国戦国時代の高名な詩人である屈原《くつげん》への供物として誕生しました。

それは、次のような故事によります。

紀元前２７８年、楚《そ》の壊王《かいおう》の側近だった屈原は陰謀で国を追われ、川に身を投げてしまいます。その屈原を弔うために、人々は供物を川に投げ入れるようになりました。

ところがある日、屈原の霊が姿を現わ

し、「供物は悪龍に食べられて自分の元に届かないので、悪龍が苦手な棟樹《トンシュ》の葉で包むようにしてほしい」と言いました。

この故事から、中国では粽を食べると悪病災難が除かれると考えられ、端午の節句に粽を親戚や知人に配る風習が生まれたのです。これが、粽の始まりとされています。

関西ではこの粽がそのまま定着しました。

一方、上方から端午の節句が伝わった際に、江戸では柏餅が食べられるようになり、それが関東に広まりました。「柏手を打つ」という言葉があるように、柏は昔から神聖な木とされ、神が宿っているとされています。

しかも、新芽が出なければ古い葉が落ちないため、武士社会では子孫繁栄の象徴として重用されていました。これが男の子の節句にぴったりだと考えられ、柏餅が粽に取って代わったというわけです。

こうして同じ行事でも東西で違う物を食べるようになったのですが、どちらも男の子の無病息災を願う意味が込められていることに変わりはありません。

出汁

DASHI

水運によって二分された関東と関西の出汁

東西の出汁の違いはこうして生まれた

昆布、鰹節、しいたけ、煮干しなど、日本には出汁をとることのできる食材がいくつもあります。そして一般的に、関東では鰹節を、関西では昆布をベースにした出汁が好まれています。狭い日本でこのような好みの違いができたのは、関東と関西で異なる水の硬度と、昆布の流通量の差に一因があります。

関東の水は関東ローム層がある影響で硬度が比較的高く、昆布のうま味のもとになるグルタミン酸を充分に引き出すことができません。また、昭和の戦前まで、関東では昆布の流通はそれほど盛んではありませんでした。そのため、昆布よりも鰹節をメインとし、醤油を加えて味を調えてきました。関東では濃口醤油が用いられ、味は引き締まり、色は濃く仕上がります。

一方、関西の水は比較的硬度が低く、昆布のグルタミン酸をよく溶出させます。また関西では、江戸時代から北前船《きたまえぶね》によって大量の昆布が運び込まれ、盛んに消費されていました。そのため、昆布を大量に使って出汁を取ることが容易だったのです。一緒に用いるのは薄口醬油で、優しい味わいで色は淡い仕上がりになります。

関東と関西の出汁の違いは、それぞれの地域のうどんのつゆを味わってみるとよくわかります。この東西の境があるのは、岐阜県の関ヶ原あたりと言われています。じつは、ファストフードやインスタント食品でも、この違いは見られます。「カップ麺は、東西でスープの味が違う」という話を聞いたことがあるでしょう。たとえば、日清食品のどん兵衛のパッケージには、「（E）」か「（W）」のどちらかが記されています。

この（E）はEastで関東向け、（W）はWestで関西向けの商品を意味しています。粉末調味料のスープは、関東向けは鰹節ベースで色は濃いめ、関西向けは昆布ベースで色は薄めです。これは、地域ごとの消費者の嗜好に合わせようという企業努力のたまものです。ほかにも、全国展開している多くの食品メーカーでは、多くの商品を東西で異なる味にしています。

江戸時代の水運

関西では、江戸時代から北前船によって大量の昆布が運び込まれ、盛んに消費されていた。

おにぎり

ONIGIRI

なぜ丸型でも俵型でもなく、三角形が最も一般的なのか

弥生時代から存在した三角おむすび

おにぎりと聞くと、多くの人が三角の形を思い浮かべるのではないでしょうか。現代ではコンビニやスーパーなどでさまざまな種類のおにぎりが販売されていますが、その大半は三角の形をしています。

しかし、おにぎりの形に決まりはなく、三角のみならず丸型や俵型など様々な形があります。手でご飯を固めて形作るものなので、ごく自然に丸型や俵型ができてきたのです。

1987（昭和62）年に石川県能登半島の鹿西町《ろくせいまち》（現・中能登町）にある弥生時代の「杉谷《すぎたに》チャノバタケ遺跡」で、日本最古のおにぎりの化石が出土しました。その化石は石ころほどの炭化した米の塊だったのですが、その形が先端のとがった二

等辺三角形をしていました。日本では弥生時代から三角形のおにぎりが存在していたことになります。

さらに、食べられずに化石として残っていたことから、このおにぎりは食べることが目的ではなく神様への供物として作られたものではないかと推測されています。三角形は、神様が宿る山を象徴していることから、三角形のおにぎりは、神様への信仰心から誕生したと考えられるのです。地方によってはおにぎりをハレの日に作り、神仏に供える習慣が残るのもこうした神饌《しんせん》としての名残りかもしれません。

さてこうして生まれたおにぎりは、奈良時代初期の『常陸国風土記《ひたちのくにふどき》』にはすでに「握飯」の表記が見られ、また、江戸時代後期の『貞丈雑記《ていじょうざっき》』に「屯食《とんじき》と云はにぎり飯の事也」とあり、儀式や宴会の際に諸司や従者に給されたようです。

さらに江戸時代後期の『守貞謾稿《もりさだまんこう》』には、「三都（江戸・京・大坂）とも形は定まってはいないが、京や大坂では俵形に作り、黒胡麻を少しつけるものがある。江戸では、円形もしくは三角形のものが多く、胡麻を使うものは少ない」とあり、江戸では三角が定着していたことがわかります。

現在では、市販されているおにぎりの形がほとんど三角となりましたが、これはコンビニの影響で、食べやすく運びやすかったためです。

地域の食文化と歴史を物語る餅の形

西日本の丸餅と東日本の角餅

東日本から西日本へ、またはその逆へと住居を移すと、思ってもいなかった文化の違いを発見することもあるでしょう。餅の形もそのひとつです。一般的に、東日本では角餅、西日本では丸餅が食べられている傾向があります。その境目は大ざっぱですが、岐阜県の関ヶ原付近のようです。

なぜこのような違いが生まれたのか、その理由には諸説あります。

そもそも、かつては西日本だけではなく日本全土で丸餅が食べられていました。ハレの日に食するものには、食材に対する感謝や日々つつがなく過ごせるようにと願いを込めることが多いものです。丸い形には「円満に暮らせますように」との縁起かつぎの意味があり、そうした願いを込めて、ひとつひとつを手で丸めて丸餅を

角餅と丸餅の境界

餅は西日本が丸餅、東日本は角餅と大体決まっている。

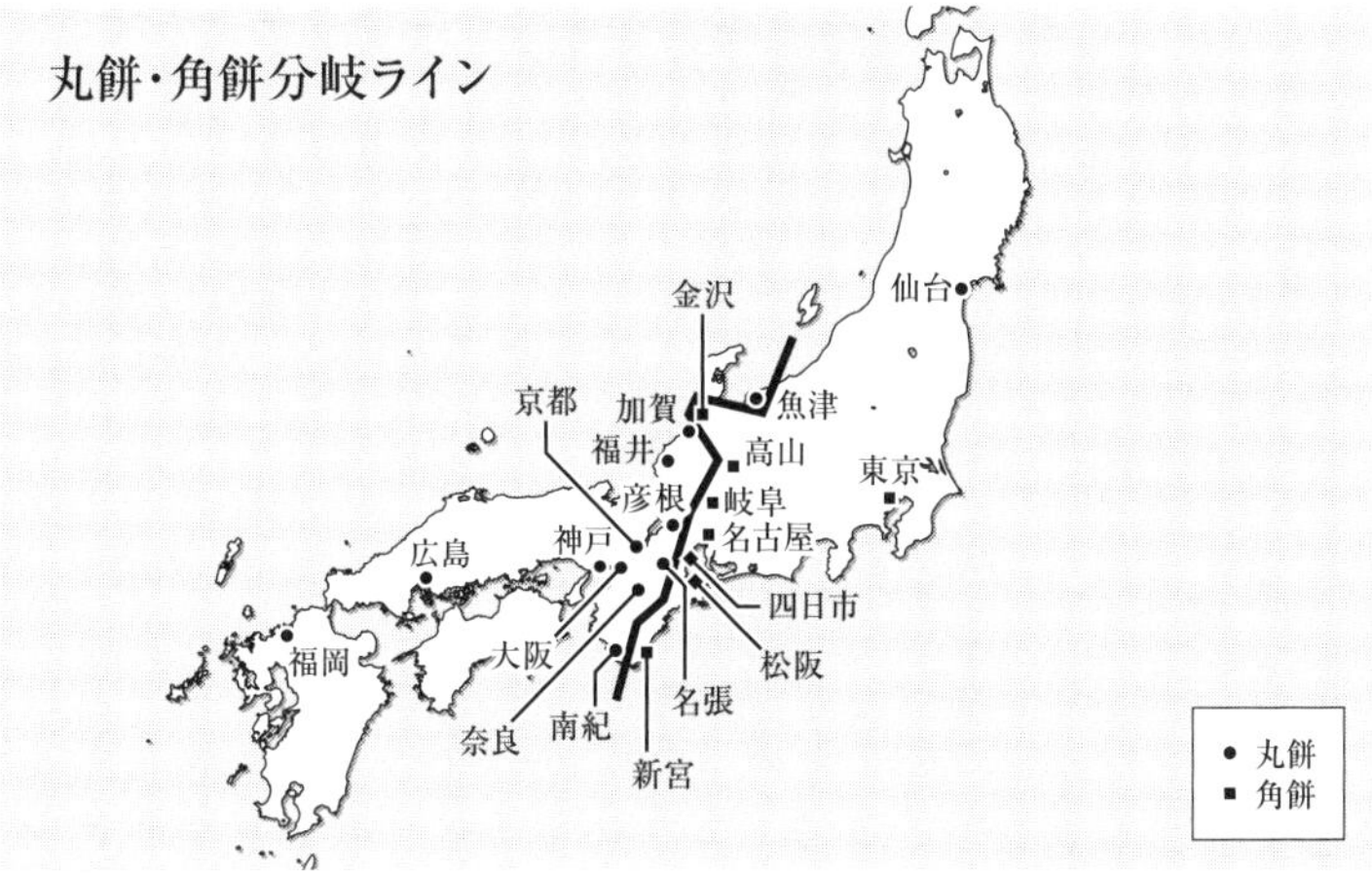

作ったのではないかと言われています。

その後、東日本では角餅が作られるようになった理由には、もともと貴族文化が栄えた西に比べ、武士文化が盛んだった関東の気風があるという説があります。関東では勇壮なものが好まれる傾向にあり、「のし餅」とも呼ばれる角餅は、「敵をのす（討つ）」に通じるとして縁起がよいとされたのです。

もう少し合理的な理由で餅の形が決まったとする説もあります。

世界有数の大都市だった江戸では、一度に大量の餅を作らなくてはならず、西の丸餅のように、ひとつひとつ手で丸めていては、とても作るのに間に合わなかったというのです。その点、切り分けるだけの角餅なら、手早く一気に作ることができます。そうした事情から、東では角餅が主流になり、それが東日本に広まったのではないかと考えられています。

　ではなぜ角餅が西日本まで広まらなかったのかというと、西日本は東日本に比べて気候が温暖だからです。カビが生えやすい環境のため、角餅のような形だと、切り口からすぐにカビが生えてしまいます。それに比べて、まるめて作る丸餅には切り口がなく、角餅よりもカビが生えにくかったのです。

　けれども、この傾向には当てはまらない地域も存在します。たとえば東北の山形県庄内地方では、東日本にもかかわらず丸餅が食べられています。一説には、江戸時代の北前船の影響ではないかと言われています。京や大坂の上方から物質を積んだ船の寄港地で、上方から来た人も多かったため、自然と上方文化の影響を受けたのではないかというのです。

　餅ひとつの形にも、その地域の食文化や歴史が反映されていることに気付かされるよい例です。

マグロ

MAGURO

日本人に大人気の刺身の定番は不遇の江戸時代を過ごした

保冷技術や流通網の未発達が原因

お寿司の中でも高級なネタといえばまず、マグロのトロが挙げられるでしょう。マグロの赤身よりも中トロ、中トロよりも大トロと、脂分が多いほど美味とされています。

ところが、江戸時代にはマグロはまったく人気のない魚で、特に脂身の多いトロは見向きもされず捨てられていたのです。

当時、トロは別名「猫またぎ」と呼ばれており、魚の大好きな猫でさえ食べようともせずにまたいで通るほど、味の悪い部分とされ、食材としての評価はほとんどなかったのです。

マグロ　MAGURO

では、江戸時代の人々はどのような魚を好んでいたのでしょうか。1746（延享三）年の手稿本『黒白精味集《こくびゃくせいみしゅう》』には、魚介の詳しいランク付けが記されています。そのランクは上魚、中魚、下魚の3つに分かれており、たとえば、上魚には、タイやサケ、アユ、カレイなど、現代でもなじみの深い魚がランクインしています。中魚には、タコやイカ、アジ、カツオ、ウナギなどがランクインしています。そして、下魚との評価になったのが、イワシ、ニシン、サバ、ドジョウなどとともにマグロでした。

全体としては、白身魚が上位で、赤身魚が下位になる傾向があります。現在とは違い、江戸時代の人々は脂ののった赤身魚をおいしく感じていなかったようです。

その理由は、当時、保冷技術や流通が発達していなかったことにあります。

マグロが水揚げされるのは江戸から遠く離れた東北の陸前・陸中の港で、江戸に着く頃には鮮度が落ちてしまっていたのです。脂部分は傷みやすいため、マグロのように脂分が多い魚ほどすぐに傷みます。万一、傷んでしまったマグロを口にすれば食中毒を起すため、「日増しのマグロは毒なり（鮮度が落ちたマグロは毒）」と言われていました。

トロが好まれるようになったのは戦後

マグロに限らず、江戸時代の人々にとって脂ののった赤身魚は食中毒を連想させる食べ物だったのでしょう。鮮度が落ちると赤身が黒ずみ、おいしそうに見えなかったというのも一因かもしれません。

また、江戸ではマグロのことを「シビ」と呼んでおり、これが「死日」に通じるとして、武士は口にしなかったとも言われています。

現在のように、日本でマグロ、とくにトロが好まれるようになったのは、第二次世界大戦後のことです。戦後になると冷凍庫が普及し、流通も発達したために、どこでも新鮮な魚が食べられるようになりました。

さらに、日本人の食生活も変わり、以前よりも脂っぽいものが食べられるようになりました。そのため、日本人の味の好みが変化していったというわけです。

フグ

FUGU

死の危険があっても食べたいほど美味な魚

「当たれば死ぬ」ことから「テッポウ」という異名も

日本でフグと言えば高級食材として有名ですが、フグを食べる文化があるのは日本を除けば韓国ぐらいのもので、世界的には非常に珍しいと言えます。アメリカやカナダでは一般的には馴染みのない珍味といった位置付けですし、イギリスを含むＥＵ諸国では食用の売買が禁止されています。

その理由は、多くの方がご存じのように、フグは「テトロドトキシン」という猛毒を持っているからです。その威力は青酸カリの10倍以上と言われ、適切に処理されていないフグを食べれば、全身マヒや痙攣《けいれん》などの中毒症を起こし、場合によっては死に至ってしまうのです。

これほど恐ろしいフグを、日本人は縄文時代から食べ続けてきました。古代人が毒を取り除く智恵を持っていたのかというとそうではなく、数人の人骨と一緒にフグの骨が出土している例があります。縄文時代にもフグによる中毒死はあったと考えられています。

桃山時代以降になるとフグ毒による中毒死の記録が増え、さらに江戸時代には急増しています。

大阪では、フグを「テッポウ」と呼びます。これは、「当たれば（中《あた》れば）死ぬ」という意味から生まれたものです。それほど危険なものだとわかっていながらも日本人はそのおいしさに魅了され、「フグは食いたし命は惜しい」と言われるように、恐る恐るフグを食べ続けてきたのです。

ところが、江戸時代にフグで中毒死していたのは庶民が大半で、武士の中毒死はほとんどありませんでした。その理由は、「武士は主君のために死ぬのであって、食あたりで死ぬなど恥だ」と考えられていたからです。武士がフグで死ぬと家禄《かろく》を没収し、子に跡を継がせないほど、フグを厳しく禁止している藩も多かったのです。

今でこそ、フグはフグ調理師の免許を持った人だけが調理できるという法律が定められています。そのため、フグ料理は恐ろしい料理ではなくなりましたが、そんなルールがなかった昔は、命がけの食材だったのです。

タコ

TAKO

西洋ではあまり食べられない海の人気者

西洋では「悪魔の魚」と呼ばれるタコ

日本食で使われる海産物のひとつにタコがあります。タコは、刺し身やてんぷら、酢の物、煮物やおでんなどに使われるほか、タコ焼きでは主役です。このようにタコは、日本では一般敵な食材で、しかもその食の歴史はかなり古いものです。

厳密に、日本人がいつ頃からタコを食すようになったかは定かではありませんが、3世紀から6世紀半ばまでの古墳時代の遺跡からタコツボらしい土器が見つかっています。さらにさかのぼり、縄文時代には日本人はすでにタコを食べていたのではないかとも考えられています。

ところが、イタリアやスペイン、ギリシャなど地中海沿岸の国々を除き、西洋ではタコは「デビルフィッシュ（悪魔の魚）」と呼ばれ、敬遠されています。

まず挙げられるのがその見た目です。タコは軟体動物で体がぐにゃぐにゃとしており、魚とはまったく違う姿をしているため、とても食材に適するとは考えられなかったようです。

宗教上の理由から、タコやイカなどを食べない人もいます。『旧約聖書』の中にある「レビ記」と「申命記《しんめいき》」には、食べ物に関するタブーが記されています。それには海や湖などにすむ水中生物において、うろことヒレがあるものは食べられるが、うろことヒレがないものは口にしてはいけないとあります。こうした宗教上の戒律を守るために、西洋人に限らず、信心深いユダヤ教徒やイスラム教徒の中には、タコを口にしない人がいるのです。

また、タコは種類が多く、大きなものになると、3メートルもある巨大なものもあります。そこからタコは船を襲う海の怪物とされ、おとぎ話やSF小説などの中では悪者として登場することも一因のようです。子どもの頃にすり込まれたタコへの恐怖から、どうしても口にする気になれないのかもしれません。

とはいえ、最近の寿司や天ぷらなどの日本食ブームにより、海外にもタコを使った料理を出す日本料理店が多くなっています。それをきっかけとしてタコを口にする外国人も増えつつあるようです。

鯉

KOI

中世の日本では鯛よりも縁起がよい魚とされていた淡水魚

鯉が珍重された理由とは

日本で魚の王様と言えば、鯛をおいてほかにないでしょう。「腐っても鯛」という言葉もあるほどです。味はもちろん、その姿形や赤い色の美しさと、「めでたい」の語呂合わせのよさから、祝いの席には欠かせない魚とされてきました。

日本人が鯛を食べるようになったのは、縄文時代の頃からと考えられています。というのも、縄文時代の遺跡に鯛の骨がいくつか見つかっているからです。

平安時代には、鯛を乾燥させて長期保存できるようにした干鯛が、京の都へ運ばれていました。平安時代中期に編纂された『延喜式《えんぎしき》』にも、天皇の膳にのせるために各地から鯛が貢納《こうのう》されたとの記述があります。

ところが、中世になると、鯛の扱いが一変します。最上位の魚は鯛ではなく鯉《こい》になったのです。鯛は、鯉の二番手という位置づけになりました。

その背景には、貴族社会から武家社会への変化がありました。中国では、鯛は下位の魚とされる一方、鯉はいつか龍になる出世魚とされています。その影響を受けて、武家社会では鯉こそもっともめでたい魚とされるようになったのです。

また、ちょうどこの頃、魚を刺身で食べるようになったことも一因とされています。交通網や保冷技術が未発達だった時代、海の魚である鯛を新鮮なまま味わえるのは海の近くの限られた地域だけでした。一方、川魚である鯉なら新鮮なうちに食べられるため、鯛よりも鯉という評価につながったようです。

鯛の地位が見直され始めるのは、室町時代のことです。この頃になると交通網の発達によって、鯛も次第に手に入れやすくなっていきました。さらに、語呂合わせで縁起を担ぐ習慣が生まれたことも、鯛の地位が見直されるきっかけとなりました。そうして江戸時代までには再び鯛が最上位の地位を取り返しました。

江戸時代には、『鯛百珍料理秘密箱』が出版され、鯛の調理法として刺身はもとより鯛飯、鯛麺（鯛そうめん）などが紹介されているほか、各地の名物鯛料理も掲載されています。また、めでたいときの贈り物には鯛が定番になり、この頃、漁業と商業の神である恵比寿さまが持っている魚は鯛となりました。

すき焼き

SUKIYAKI

鍋料理なのに「焼き」と呼ばれる冬の定番

文明開化の牛鍋がいつしか「すき焼き」に

「今夜はすき焼き」と聞けば、大人から子どもまでみんな大喜びです。薄切りの牛肉をネギ、豆腐、白滝などと一緒に鉄鍋に入れて火にかけ、味噌や醤油で味を調えると、グツグツ煮えるにつれて、あたりに食欲をそそる香りが広がります。

どうしてこの料理は、焼いてもいないのに「すき〝焼き〟」と呼ばれているのか。それは日本人の肉食の歴史と関わりがあります。

日本では仏教が伝来してから殺生が禁じられ、肉を食べることはタブーとされてきました。しかし、少数ながら雁や鴨などの鳥、イノシシやシカなどの獣は食べられていましたし、大っぴらではなくても牛馬の肉を食べることもありました。主に関西では、こうした肉を焼いた料理はすべて「すき焼き」と呼ばれていました。その由来については、「野外で農具の鋤《すき》を利用して刃の上で焼いたから」「杉の箱を使って焼いたのが訛ったから」「薄いすき身にして焼いたから」など諸説あります。

明治時代になると肉を食べる習慣が西洋から持ち込まれ、1869（明治2）年には政府が「築地牛馬株式会社」を設立して畜産を奨励しました。さらに1872（明治5）年には明治天皇が牛肉料理を召し上がり、これが世の中に報じられたことをきっかけに、東京と横浜で牛鍋《ぎゅうなべ》が流行します。人々は文明開化の象徴とばかりに連れ立って牛鍋屋に出かけては、それまで口にしたことのない牛肉のおいしさに舌鼓を打ちました。これが現在のすき焼きとほぼ同じ鍋料理です。

料理研究家の小菅桂子氏は著書『にっぽん洋食物語大全』で、文明開化によって東京で誕生した牛鍋は、関西に伝わるとすき焼きと名前を変え、それが全国に広まって共通の名称となったのではないかと述べています。

実際、大正時代からは、ほぼ全国的にすき焼きという名に統一されました。この頃には東京の牛鍋の老舗《しにせ》もすき焼きという名を掲げるようになっています。

本来のすき焼きは牛肉にかぎらず肉を焼いた料理を指していたのですが、今ではすっかり牛肉を使った鍋料理とみなされ、海外でも日本の代表的な鍋料理のひとつとしてその名が知られています。

コロッケ

KOROKKE

もともとコロッケの中身はじゃがいもではなかった

お洒落なフランス料理が庶民の味に

茹でたじゃがいもに炒めたひき肉を混ぜ油で揚げたコロッケは、ご飯のおかずとして人気のある料理です。スーパーや町の肉屋さんでも売っている庶民的な惣菜というイメージですが、じつはコロッケのルーツは、フランスの「クロケット」という料理です。

ただし、明治時代にフランスから伝えられたレシピは、現在日本での一般的なコロッケとは違います。そもそもクロケットとは、具を俵形か楕円形に小さくまとめて加熱した料理のことで、語源は「かじって食べる」という意味です。衣をつけて油で揚げるのではなく、粒の細かいパン粉をまぶしてオーブンで焼いたものでした。

しかも中身はじゃがいもではなく、牛乳、バター、小麦粉で作るホワイトソースを使った、言わばクリームコロッケのようなものでした。そして、それにウスターソースをかけるのではなく、タルタルソースやトマトソースを沿えて食べました。フランスにもじゃがいものコロッケはありましたが、クリームコロッケのほうが主流とされていたのです。

お腹が弱い日本人が受け入れたじゃがいもコロッケ

それでは、なぜ日本ではクリームコロッケが流行らなかったのでしょうか。

それまでの日本は牛乳や乳製品になじみがなかったためと思われます。牛乳は古代に中国から伝えられ、10世紀には朝廷に献じられたなど記録はあるのですが、もっぱら薬用あるいは儀礼用とされる貴重品だったため、庶民が口にすることはありませんでした。

また、日本人は牛乳をたくさん飲むと、それを消化吸収できずにおなかを下す人が多く、西欧人に比べて乳製品をあまり好まない傾向がありました。

一方、じゃがいもコロッケは、大正時代の中頃から普及し始めました。明治時代の末に、病害虫に強く栽培しやすい男爵いもがアメリカから輸入され、日本のじゃがいもの生産量は飛躍的に上がり、そのほくほくした食感や食べごたえが広く受け入れられました。

そして精肉店は、売り物にならない肉の細切れや、余ってしまうラードを利用し、じゃがいもコロッケを売り出したのです。揚げ物の技術さえあればオーブンがなくてもできることもあり、簡単で安上がりな料理だったからです。これが庶民の間で、安くてモダンな洋食として人気を呼んだのです。

また、じゃがいもにはビタミンB1が豊富に含まれており、これが脚気の予防になりました。脚気は悪化すると死に至る病気で、兵士に患者が多いことから海軍もコロッケを積極的に食事に採り入れています。

やがてコロッケは家庭でも作られるようになりました。大正末期から昭和初期名かけて帝国劇場で上演された舞台で歌われた「ワイフもらってうれしかったが、いつも出てくるおかずはコロッケ。今日もコロッケ、明日もコロッケ……」という『コロッケの唄』が流行るほど、頻繁に食卓に登場していたようです。

赤飯

SEKIHAN

めでたい日に食べる習慣に隠された意味

赤い色には魔除けの力がある

日本にはおめでたい日に赤飯を食べるという習慣があります。赤飯とは、一般的にもち米を小豆と一緒に蒸して赤く染めたご飯のことを指しますが、地方によっては小豆以外が使われることもあるようです。

たとえば、関東では大角豆《ささげ》、関西では小豆《あずき》、北海道や青森、長野では金時豆《きんときまめ》や花豆《はなまめ》がよく用いられます。関東で小豆を使わないのは、小豆は蒸すと皮が割れてしまうので、切腹を連想させて縁起が悪いと考えられたからです。

このように地域によって使う豆は変わっても、米と一緒に蒸して赤く染めるという点は変わりません。

でも、なぜわざわざ白い米を赤くする必要があるのでしょうか。

その理由は、赤という色が太陽を意味する縁起のよい色で、幸せを呼び寄せ、魔除けにもなると信じられてきたからです。そしてもうひとつ、祖先に感謝する意味も込められていると言われています。

先祖に感謝するための赤米

日本に米が渡来したのは縄文時代のことでした。この時入ってきたのは、現在も食べられている白いジャポニカ種と、熱帯に生育するインディカ系の野生種に近いもので、赤みを帯びていることから「赤米《あかごめ》」と呼ばれる米でした。ただし、白米に比べて生産性が低く、味も日本人の口には合いませんでした。

やがて、生産性の高い白米が主流となり、これが現在まで続いています。一方の赤米は、室町時代頃から食用としては用いられなくなり、古代以来の神へのお供えとして細々と作られる程度になっていきます。

江戸時代になって赤米がほとんど栽培されなくなると、わざわざ白い米を赤く染めた赤飯を作るようになったのです。18世紀初頭に刊行された『和漢三才図会《わかんさんさいずえ》』には、赤飯のもち米と小豆の割合は10対3がよいという記述があり、この頃にはすで

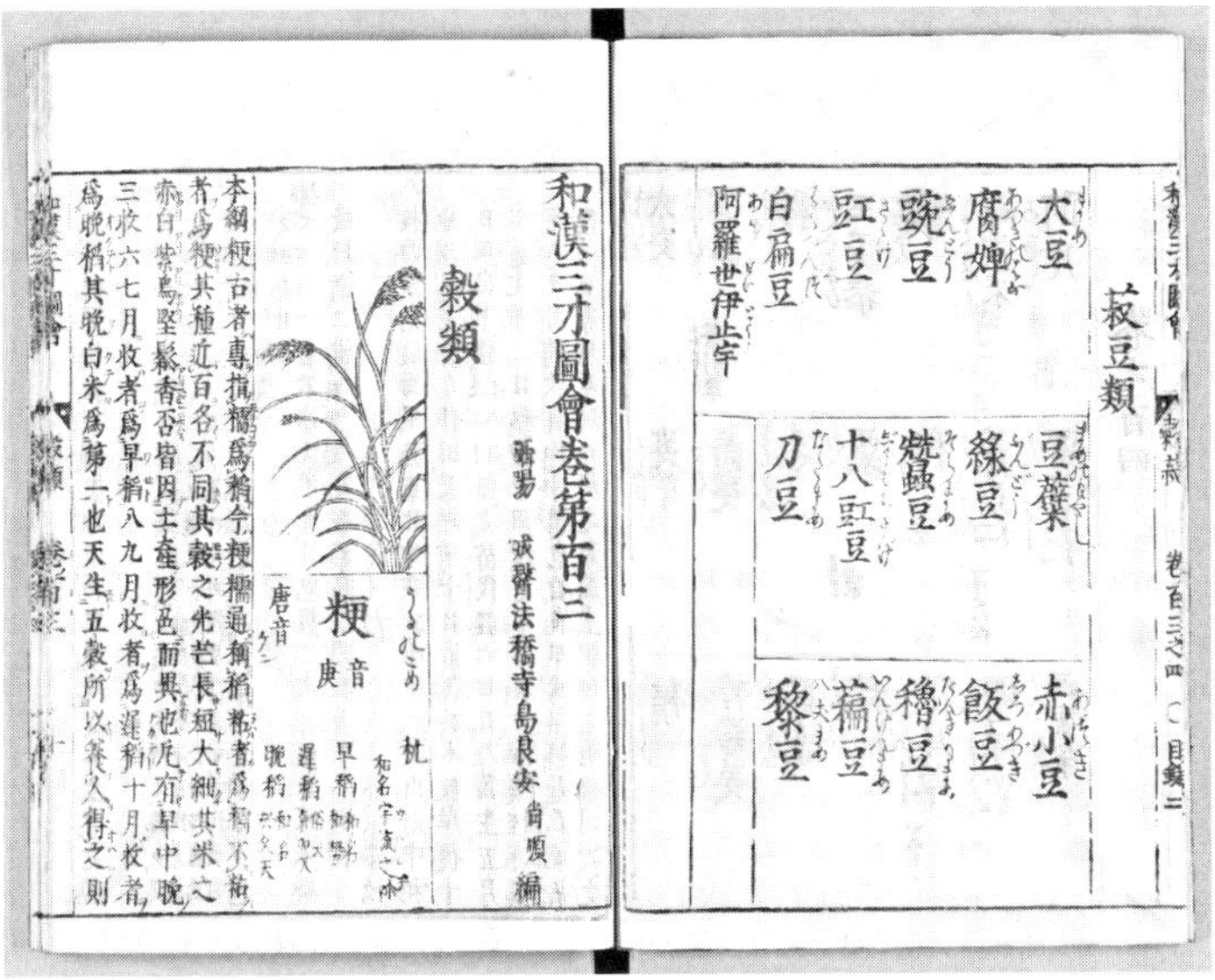
和漢三才圖會巻第百三
穀類
粳
穀豆類
大豆
腐婢
豌豆
豇豆
白扁豆
阿羅世伊止宇
豆蘖
緑豆
蠶豆
十八豇豆
刀豆
赤小豆
飯豆
穭豆
藊豆
黎豆

赤飯の炊き方について、「赤飯、凡そ もち米一斗小豆三升（もち米と小豆の割合は10対3となっている）」と記す『和漢三才図会』。（国立国会図書館所蔵）

にもち米と小豆で赤飯を作っていたことがわかっています。

普段は白い米を食べるようになっても、儀式やお祭りといった特別な場では古代の色を再現した赤い米を食べて古代を演出しました。そうすることで、魔除けを願うとともに祖先に対する感謝を示したのだと考えられています。

米を赤く染めるためによく使われる小豆自体にも、赤飯と同じような意味があります。小豆には魔除けの力があるとされてきました。さらに、古代の宮廷では、水の代用品として小豆を使って穢《けが》れを祓《はら》ったとされています。脈々と続いてきた日本人の信仰心が赤飯には残っていると言えるでしょう。

ういろう

UIRO

お菓子と薬、2つの「ういろう」がある理由

「ういろう」という名前は中国の官職名

名古屋や小田原銘菓として有名な「ういろう」は、砂糖と米粉、くず粉を合わせて作る蒸し菓子です。

その「ういろう」という名前は、お菓子としてはなんだか不思議な響きに思えます。それもそのはず、ういろうの語源は、中国元代の官職名「礼部員外郎《レイホウエンウイロウ》」にあるのです。これは薬を調達する役でした。

日本で広がったういろうという名前の歴史は、元朝が滅びたとき、それまで元に仕えていた礼部員外郎の陳延祐《ちんえんゆう》という人物が日本に亡命して、帰化したことから始まります。

陳氏は「陳外郎《ちんういろう》」と名のって福岡に住み、中国の医術や薬などの知識を日本で広

めました。その中のひとつが万病に効く「透頂香《とうちんこう》」という薬で、この薬が評判となり、将軍にも献上されたほどでした。そこから「透頂香」は、陳外郎が作ったことから、いつしか「外郎《ういろう》」と呼ばれるようになったのです。

こうして薬のういろうが誕生したわけですが、もちろんお菓子のういろうとはまったくの別物。なぜ、お菓子に薬と同じ名前がつけられたのでしょうか。

神奈川県の小田原市には、陳家とつながりのあるういろうの専門店があります。1504（永正元）年に陳氏の五代目・藤右衛門定治という人が、小田原の北条早雲に招かれて城下でういろうの製造販売を開始。北条氏滅亡後も江戸幕府の保護を受けていました。

じつは、お菓子のういろうは、この薬の口直しのために作られたのが始まりとされています。

近年では、白砂糖を使ったものや抹茶、小豆餡を入れたものなどバラエティが豊かで色も様々ですが、誕生当時のういろうは黒砂糖を使っていたために黒色の蒸し菓子でした。それが薬のういろうと同じ色だったために、こちらも「ういろう」と呼ばれるようになり、定着したというわけです。

キャラメル

KYARAMERU

禁煙のための大人のお菓子として発売されていた

好みと風土に合わせて誕生したミルクキャラメル

多くの日本人にとって、キャラメルと言って真っ先に頭に浮かぶのはミルクキャラメルでしょう。ミルクキャラメルは、1913（大正2）年に発売され、1世紀以上にもわたって愛され続けているロングセラー商品です。黄色のパッケージの中の四角いキャラメルを口に入れると、程よい甘さが口に広がります。

キャラメルの製造が始まったのは発売より12年も前の1899（明治32）年のこと。製造には、アメリカの製菓技術がとり入れられました。ところが、アメリカのキャラメルはバターやミルクがたっぷり入ったもので、日本人には乳臭いうえに濃厚すぎてあまり口に合いませんでした。しかも、かなり軟らかいものだったので、多湿な日本ではすぐにベトベトに溶けてしまうという欠点がありました。

そこで改良に改良を重ね、ミルクやバターの量を減らし、小粒で固めのキャラメルが開発されたのです。そして、1914（大正3）年に上野公園で開催された東京大正博覧会で、現在のように携帯用の紙箱に入れて販売したところ爆発的な人気となり、本格的な製造販売が始められました。

こうして日本製キャラメルが誕生したわけですが、じつは販売当時は今とは違い、子ども用のお菓子ではありませんでした。発売当時の新聞広告を見ると、そこには「禁煙を欲せらるる紳士淑女の為に特製ポケット用」というキャッチコピーが掲げられ、紳士がタバコを投げ捨てて、キャラメルを手に持つ姿が描かれています。つまり、当時のキャラメルは、高級な大人向けのお菓子であり、禁煙するための補助食品として利用されていたのです。

さらにキャラメルは栄養豊富なことから、兵士のエネルギー補助食品として軍部に納入されていたこともあります。

キャラメルが子どものお菓子として定着したのは、昭和になってからのこと。大量生産が可能になり、高級な大人のお菓子から子どもが食べられる身近なお菓子になったというわけです。

日本茶

NIHONCHA

お寺でしか飲まれていなかった国民的飲料「お茶」

お茶文化のきっかけは栄西から

日本ならではの飲み物と言えば真っ先に日本茶が挙げられますが、かつてお茶は限られた特権階級の人々にしか口にすることができないものでした。古代中国ではお茶は薬として用いられており、奈良時代に日本に伝わったときにも、やはり高級な薬とされていたのです。庶民に飲まれるようになるまでにはかなりの時間がかかりました。

日本茶はどのようにして特権階級から庶民へと広まっていったのでしょうか。

まず、鎌倉時代になると、臨済宗《りんざいしゅう》の開祖となった栄西《ようさい》が留学先の中国から持ち帰った茶の実を背振山《せふりさん》に植え、国内での茶の生産が始まります。これをきっかけに、禅寺の僧の間で茶を飲む習慣が広まりました。お茶はとくに修行増の間で重宝されたといいます。というのも、修行僧の食事は1日2回と決められており、しかも素食なので、満腹になることはありません。彼らは空腹をまぎらわせるためにお茶を飲んだのです。

また、お茶に含まれるカフェインは眠気覚ましに効果があります。修行僧たちはお茶を飲めば修行中に襲ってくる眠気を払えるということを、経験から学んでいました。こうしたお茶の効用を当時の日本で誰よりも理解していたのは、それを持ち込んだ栄西でした。彼は製茶の方法や茶の効用を記した『喫茶養生記《きっさようじょうき》』を著しています。そして、武家の棟梁《とうりょう》だった源頼朝《よりとも》に、お茶とともにこの書を献上しました。

鎌倉時代の歴史書『吾妻鏡《あづまかがみ》』には、栄西と鎌倉幕府第三代将軍源実朝《さねとも》との逸話も記されています。ある時、実朝が二日酔いに苦しんでいるのを知った栄西が、「これを飲んだらすっきりして、気分がよくなります」とお茶を捧げました。その茶を飲んでみると、栄西の言う通り二日酔いがよくなったので、実朝はとても喜んだと記されています。

庶民にお茶が広まった江戸時代

やがて武士の間でお茶が飲まれるようになり、各地に茶園が造られました。室町時代にはさらに武家社会に浸透し、お茶は効用のある飲み物としてというよりも、茶会や闘茶など遊興のために用いられるようになりました。

現在のように、庶民にもお茶の飲用が広まったのは江戸時代からです。江戸時代中期、宇治田原《うじたわら》の永谷宗円《ながたにそうえん》が、茶葉を蒸してから乾燥させる製造方法を開発しました。

この製法で作られるのがいわゆる煎茶《せんちゃ》です。煎茶が登場して、手軽にお茶を淹《い》れられるようになると、貴族や武士だけでなく庶民にもお茶を飲む習慣が広まっていったというわけです。

中国から伝わった当初は特権階級だけが口にできる貴重な品で、やがて供給が増えると庶民に広がったという経緯は、イギリスでの紅茶の歴史とよく似ています。

食べ合わせ

TABEAWASE

一緒に食べてはいけないとされる タブーの科学的根拠

食中毒予防のための知恵だった!?

日本では、一緒に食べると健康に害がある「食べ合わせ」が伝えられています。「天ぷらとスイカ」「鰻と梅干」など今でもよく聞くものもあります。

この中には、確かに科学的に見ても正しいと言えるものがあります。たとえば先に挙げた天ぷらとスイカの組み合わせは、脂肪の多いものと水分の多いものを同時に食べると消化不良を起こしやすく、胃の負担が大きくなるためと言えるでしょう。

しかし、食べ合わせの多くは科学的に根拠があるものではありません。その一例が、鰻と梅干です。梅干の酸は鰻の脂肪分の分解を手助けしてくれるため、むしろ健康にはよい組み合わせと言えます。

ではなぜ、こうした「食べ合わせ」が伝えられてきたのでしょうか。

そもそも、「食べ合わせ」について、文献で見られるもっとも古いものは、平安時代中期の『和妙類聚抄《わみょうるいじゅうしょう》』です。そこには「鯉とネギ」の食べ合わせがよくないと記されています。この当時の記述は、中国からの本草学《ほんぞうがく》（植物などの研究）に陰陽思想を当てはめたものだったと言われています。

その後、少しずつ食べ合わせの例が増えていきました。特に江戸時代に入ると食文化が豊かになり、食べ合わせの事例は増えていきます。本草学者で儒学者だった貝原益軒《かいばらえきけん》の『養生訓《ようじょうくん》』にもたくさんの食べ合わせの例が掲載されています。それら食べ合わせの事例に挙げられる多くは、食材自体が消化の悪いものや脂肪の多いもの、中毒を起こしやすいものという傾向があります。

たとえば、鰻や天ぷらは脂肪の多いものです。また、「おこわとフグ」「蕎麦とタニシ」「アサリと松茸」は、フグはもとよりタニシやアサリなどの貝類は季節によっては貝毒を持ち、また傷みやすいものですし、松茸は消化の悪い食材です。

食べ合わせとは、おなかにやさしくない食べ物を食べて、おなかを壊したことから、たまたま一緒に食べたほかの食材までを取りあげて、「食べ合わせがよくなかった」とされてきた可能性があるのです。

【参考文献】

『日本食生活史（歴史文化セレクション）』渡辺実、『日本食物史』江原絢子、石川尚子、東四柳祥子、『民俗小事典　食』新谷尚紀、関沢まゆみ編、『「うつわ」を食らう：日本人と食事の文化（読みなおす日本史）』神崎宣武（以上、吉川弘文館）／『「和の食」全史：縄文から現代まで長寿国・日本の恵み』永山久夫、『人はこうして美味の食を手に入れた―飽くなき食欲が生んだ「発明・発見」の文化史（Ｋａｗａｄｅ夢新書）』小泉武夫（以上、河出書房新社）／『Ｑ＆Ａ食べる魚の全疑問：魚屋さんもビックリその正体（ブルーバックス）』高橋素子、『絵でわかる麹の秘密：An Illustrated Guide to secret of koji（絵でわかるシリーズ）』小泉武夫、おのみさ絵、『とっさのときに困らない　大人の食べ方＆マナー１００』小倉朋子、『日本料理の真髄（講談社＋α新書）』阿部孤柳、『日本料理の贅沢（講談社現代新書）』神田裕行、『日本の伝統　発酵の科学　微生物が生み出す「旨さ」の秘密（ブルーバックス）』中島春紫、『日本人の歴史第2巻―食物と日本人（講談社文庫）』樋口清之、『図解　マナー以前の社会人常識（講談社＋α新書）』岩下宣子（以上、講談社）／『日本料理の質問箱―こっそり聞きたい・いまさら聞けない』遠藤十士夫、『和食、洋食、中国料理のよくわかるテーブルマナーＢＯＯＫ』市川安夫、『知っておきたい和菓子のはなし』小西千鶴、『よくわかる日本料理用語事典』遠藤十士夫監修（以上、旭屋出版）／『テーブルマナーの本　日本料理』日本観光協会編著、『食べもの歴史ばなし』石井郁子、『味噌（柴田ブックス）』、『そばうどん知恵袋１１１題』そばうどん編集部編（以上、柴田書店）／『少しのコツで印象が変わる美しい食べ方：いつもの食事も大事な席もこの一冊で安心』、『日本酒の知識蔵：全国の酒造りが分かる（エイムック１８５１）』、『日本酒の基礎知識　食の教科書』、『今、知っておきたい日本茶の基本：おいしい日本茶には理由があります。（エイムック１９５２）』、（以上、枻出版社）／『和食のおさらい事典：意外と知らない知っておきたい』後藤加寿子、『やきとりと日本人　屋台から星付きまで（光文社新書）』土田美登世（以上、光文社）／『JAPAN CLASS　そう、これがニッポンって国なんだヨ！：のべ５７２人の外国人のコメントから浮かび上がる日本』、『JAPAN CLASS　そうそう！これがニッポンて国なんだよ！：のべ６０７人のコメントから浮かび上がる日本』（以上、東邦出版）／『「粉もん」庶民の食文化（朝日新書）』熊谷真菜、『たべもの文明考』大塚滋、『幕の内弁当の美学―日本的発想の原点（朝日文庫）』栄久庵憲司（以上、朝日新聞社）／『「和食」って何？（ちくまプリマー新書）』阿古真理、『にっぽん洋食物語大全（ちくま文庫）』

小管桂子（以上、筑摩書房）／『ニッポンの縁起食―なぜ「赤飯」を炊くのか（生活人新書）』柳原一成、柳原紀子、『マグロと日本人（ＮＨＫブックス）』堀武昭（以上、日本放送出版協会）／『日本めん食文化の一三〇〇年　増補版』奥村彪生、『日本料理とは何か：和食文化の源流と展開』奥村彪生、『巨大都市江戸が和食をつくった』渡辺善次郎（以上、農山漁村文化協会）／『日本の伝統文化しきたり事典』中村義裕（柏書房）／『だしの神秘（朝日新書）』伏木亨（朝日新聞出版）／『お箸の秘密』三田村有純（里文出版）／『くいもの―食の語源と博物誌』小林祥次郎（勉誠出版）／『すごい和食（ベスト新書）』小泉武夫（ＫＫベストセラーズ）／『たこやき』熊谷真菜（リブロポート）／『たべもの歴史散策』小柳輝一（時事通信社）／『「いただきます」を忘れた日本人　食べ方が磨く品性（アスキー新書）』小倉朋子（アスキー・メディアワークス）／『トコトンやさしい発酵の本（B&Tブックス今日からモノ知りシリーズ）』協和発酵バイオ株式会社編（日刊工業新聞社）／『にっぽん食探見』長友麻希子（京都新聞出版センター）／『はじめてのワイン』原子嘉継監修（西東社）／『英語でガイド！世界とくらべてわかる日本まるごと紹介事典』江口裕之（Ｊリサーチ出版）／『魚の発酵食品　改訂版（ベルソーブックス）』藤井建夫（成山堂書店）／『江戸前魚食大全：日本人がとてつもなくうまい魚料理にたどりつくまで』冨岡一成（草思社）／『焼酎入門（カラーブックス）』加治木義博（保育社）／『食に歴史あり～洋食・和食事始め』産経新聞文化部編著（産経新聞出版）／『食で知ろう季節の行事（親子で楽しむものしりＢＯＯＫ）』髙橋司（長崎出版）／『食べもの文化史 外国人に自慢したいニッポンの食』永山久夫（優しい食卓）／『図説　江戸時代食生活事典』日本風俗史学会編（雄山閣出版）／『世界たべもの起源事典』岡田哲編（東京堂出版）／『知識ゼロからのワイン入門』弘兼憲史（幻冬舎）／『恥をかかない和食のマナー手帳（早わかりガイド）』（小学館）／『縁起物＝Lucky chaems：福を招くかたち（日本のたしなみ帖：和ごころ、こと始め。）』『現代用語の基礎知識』編集部編（自由国民社）／『日本の食文化（中公文庫）』平野雅章（中央公論社）／『日本の風土食探訪』市川健夫（白水社）／『日本の洋食：洋食から紐解く日本の歴史と文化（シリーズ・ニッポン再発見）』青木ゆり子（ミネルヴァ書房）／『日本酒の教科書』木村克己（新星出版社）／『日本食の大研究：国際化する日本の文化：作って食べる調べ学習』（ＰＨＰ研究所）／『日本人の「食」、その知恵としきたり：なぜ、切れやすい年越そばが長寿の象徴なのか』永山久夫監修（海竜社）／『日本料理の食卓作法』日本ホテル・レストランサービス技能協会（キクロス出版）／『日本料理文化史―懐石を中心に』熊倉功夫（人文書院）／『納豆のはなし：文豪も愛した納豆と日本人の暮らし』石塚修（大修館書店）／『箸の作法』奥田和子（同時代社）／『本格焼酎をまるごと楽しむ！（知識まるごとシリーズ）』白川湧（新風舎）／『万国お菓子物語』吉田菊次郎（晶文社）／『和食に恋して―和食文化考』鳥居本幸代（春秋社）／『和食の常識Q＆A百科』堀知佐子、成瀬宇平（丸善出版）／『日本古代食事典』永山久夫（東洋書林）

【参考サイト】

●ニュースサイト

AERAdot.（株式会社朝日新聞出版）／BOOKSTAND（株式会社博報堂ケトル）／COMZINE（ＮＴＴコムウェア株式会社）／ダイヤモンド・オンライン（株式会社ダイヤモンド社）／GOTRIP!（タビィコム株式会社）／情報・知識＆オピニオン imidas（株式会社集英社）／JB press（日本ビジネスプレスグループ）／kotobank（株式会社朝日新聞社）／NEWSポストセブン（株式会社小学館）／Retty グルメニュース（Retty 株式会社）／SankeiBiz（株式会社産経デジタル）／LATTE（株式会社ラクシーズ）／macaroni（株式会社トラストリッジ）／ヒトサラマガジン（株式会社 USEN Media）／岩手日報（岩手日報社）／東洋経済オンライン（株式会社東洋経済新報社）／日本経済新聞 電子版（株式会社日本経済新聞社）／食品産業新聞社ニュースＷＥＢ（株式会社食品産業新聞社）

●商品サイト

ボンカレー公式サイト（大塚食品株式会社）／森永キャラメル（森永製菓株式会社）

●企業サイト

キッコーマン株式会社／株式会社コロンバン／マルコメ株式会社／株式会社ういろう／株式会社カメリヤ／株式会社ヤマダフーズ／丸果石川中央青果株式会社／金印株式会社／株式会社会津屋／弘前は珈琲の街です委員会（成田専蔵珈琲店）／東京中央漬物株式会社／有限会社九重味噌／浦島海苔株式会社／長命寺桜もち／全国やきとり連絡協議会

●団体サイト

おにぎりＪａｐａｎ（一般社団法人おにぎり協会）／独立行政法人酒類総合研究所／全国和菓子協会／一般社団法人全国丼連盟／海苔ＪＡＰＡＮ（海苔で健康推進委員会）／全国漁連のり事業推進協議会／日本紅茶協会

永山久夫（ながやま・ひさお）
1932年、福島県生まれ。食文化史研究家、長寿食研究所所長。平成30年度文化庁長官表彰受賞。古代以来の和食を中心に長寿食を研究し、各地の長寿村を訪ねて長寿者の食事やライフスタイルを取材。講演やテレビ、雑誌など多方面で活躍している。日本の古代から明治時代までの食事の研究に長年携わる各時代の食事復元研究の第一人者でもある。著書に『日本古代食事典』（東洋書林）、『和食の起源─刷り込まれた縄文・弥生の記憶』（青春出版社）、『世界一の長寿食「和食」』（集英社）など多数。

装幀：西垂水敦（krran）
本文デザイン：イナガキデザイン
編集協力：株式会社ロム・インターナショナル

外国人《がいこくじん》にも話《はな》したくなる
ビジネスエリートが知《し》っておきたい 教養《きょうよう》としての日本食《にほんしょく》

2019年 4 月27日　初版発行

監修／永山《ながやま》 久夫《ひさお》

発行者／川金 正法

発行／株式会社KADOKAWA
〒102-8177　東京都千代田区富士見2-13-3
電話　0570-002-301（ナビダイヤル）

印刷所／大日本印刷株式会社

ＤＴＰ／伊藤知広（美創）

ISBN 978-4-04-604360-3　C0030